隣《とな》る人《ひと》

心が弱ったときに
開いてほしい本

仲律子

幻冬舎MC

宿命があるならば
甘んじて受け入れよう。

陽は昇る。
なんども なんども 陽は昇り続けるよ。

太陽が好き。いっぱい いっぱい 光を浴びたい。

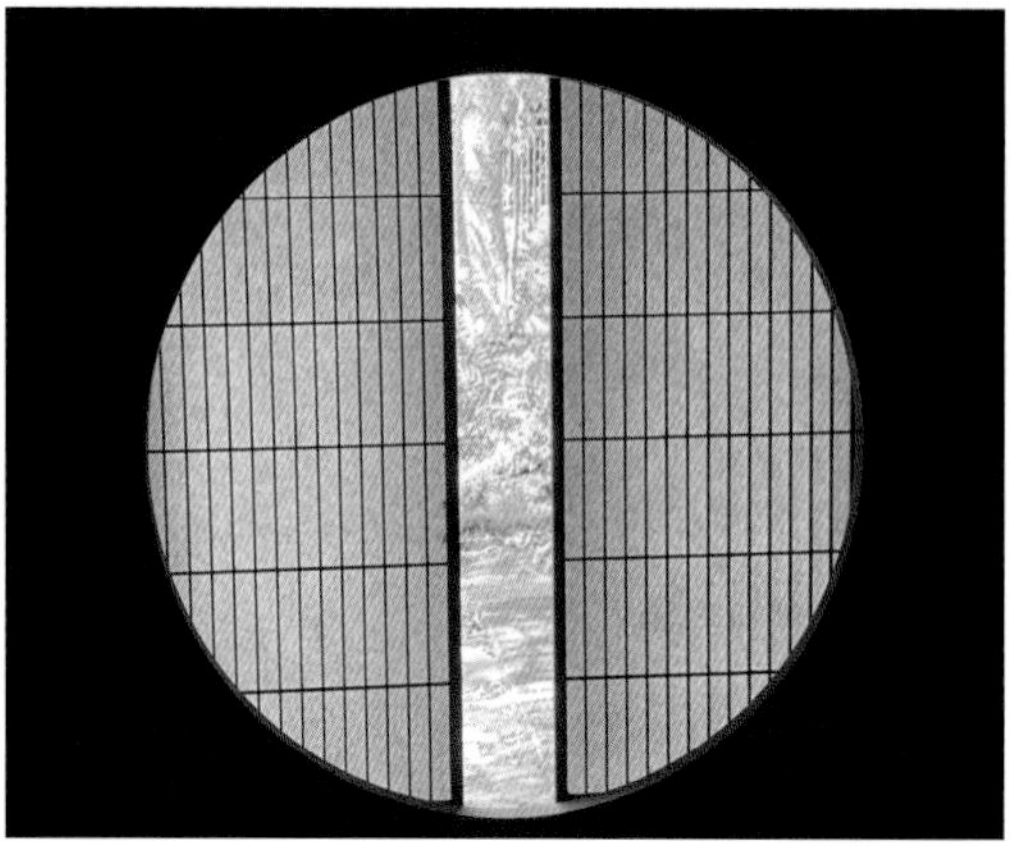

心の扉を少しだけ開けてごらん。
新しい世界が待ってるよ。

うつろいやすい 私の心。
それでも いいじゃん。心のおもむくままに。

私って綺麗でしょ。
泥の中から 咲いているんだよ。

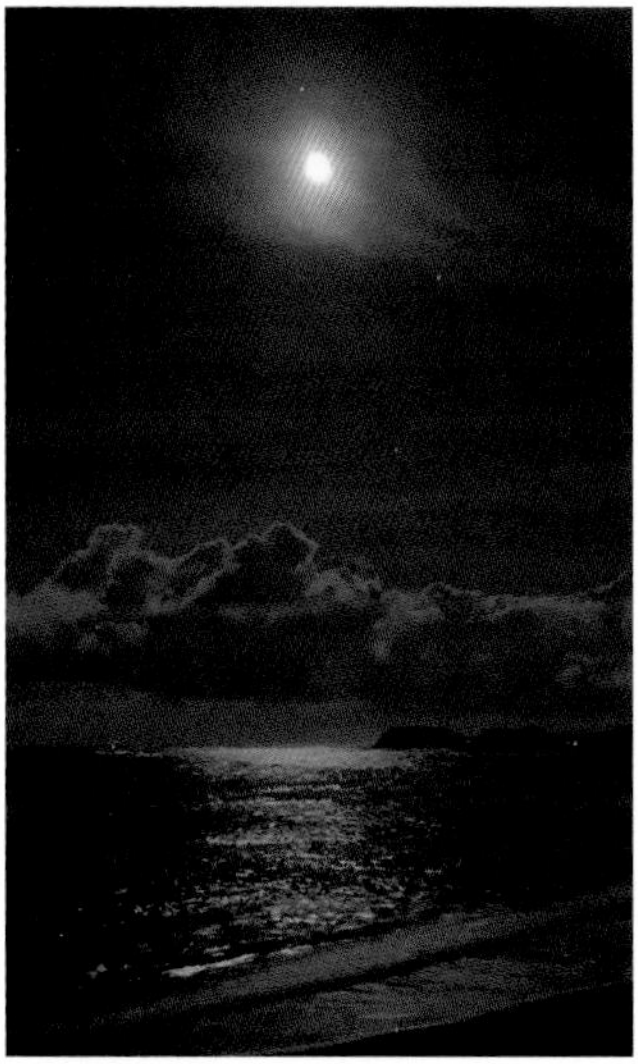

暗闇で光る月。
キラキラ 水面を映し出す。

さあ、朝が始まるよ。
外に出て 深呼吸してごらん。

Dear Future Mom.
心配しないで。
きっとステキなお母さんに
なれるから。

これは私。悪い顔してるな〜。
何か企んでるの？

人のために生きることで 幸せが膨らむこともあるんだよ。

ふるさとの海、いのちの源（みなもと）。
未来のいのちのために 守っていかなくちゃね。

希望のともしび。一つひとつ灯していきましょ。
あせらず さわがず ゆっくりと。

はじめまして。あなたはどなた？

ぐ〜んと伸びれば
風に乗って
遠くへ行けるかもしれないよ。

ノブレス・オブリージュ。
持っているものは
誰かに分けていきましょ。

花手水。
心が浄められていくようね。

心の静寂（しじま）。あなたの心は穏やかですか？

高原のゆり。愛おしい我が子。すべてが美しい。

雨はすべてのものを濡らしていく。分け隔てなく。
それが本来の愛というもの。

分かれ道。
どっちに向かって
行こうかな。
大丈夫。
もう行き先は決まってる。

寒い冬を越えてきたんだよ。やっと咲けた。

波に乗る。
そろそろ疲れた。
帰ろうか。

犬と一緒に
おかげ参り。
ちょっと重いんだけど。

窓の向こうに見えるもの。あれは何だろう？　おもしろいな。

白きバラ 清らかに咲く。
気高く凛として生きていきたい。

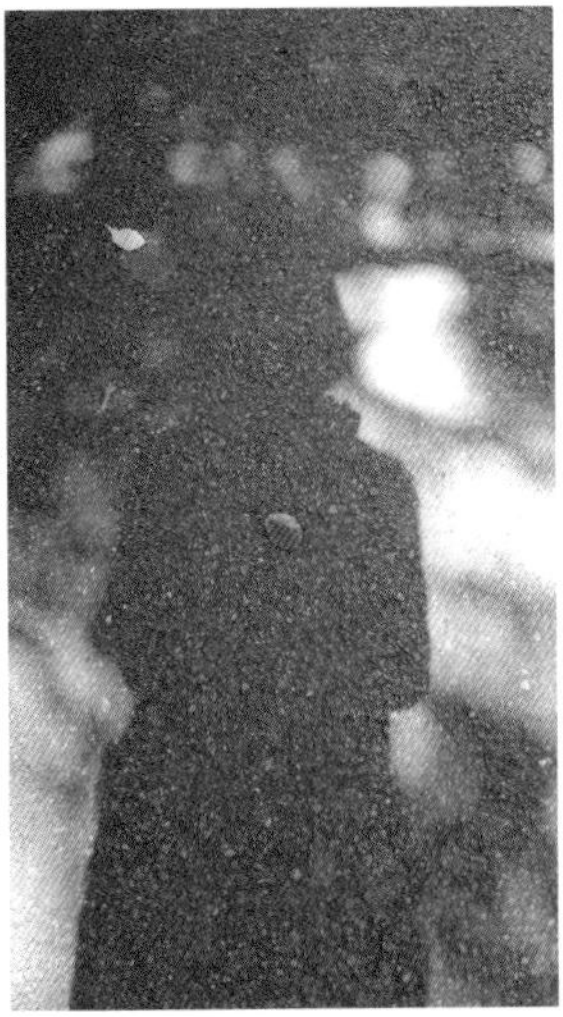

目に見えるものは すべてまやかし。
大切なものは 目に見えないから。

坂道のぼってやってきた。さっき、あそこでコーヒー飲んだよね。

ここに立ち続けて 何年経ったんだろうね。
お地蔵様がしゃべってる。

目を凝らして よく見てごらん。
誰の心にも 虹がかかってるよ。

ひゃー、こわい。
まずは一歩 踏み出そう。
次の一歩につながるからね。

朝焼け 小焼け。
今日もいい日になりますように。

チクタク　チクタク　私たちの時間。
チクタク　チクタク　過ぎていく。

わて、宇宙と交信してまんねん（笑）。

あなたと私は映し鏡。呼吸を合わせて一つになろう。

あなたと見た景色。心のフィルムに残しておこう。パシャ。

よくここまでたどり着いた。最後の仕上げに参りましょ。

梅花藻。ゆらゆら ゆらゆら 流れに身をまかせよう。

あなたの 心のリズム。楽しく 軽やかに 奏でよう。
明日への 希望を持って。

隣《とな》る人《ひと》

心が弱ったときに開いてほしい本

はじめに

kanamoonという名前の由来

「私の名前は仲律子です。臨床心理士で、公認心理師です。よろしくお願いします」と二十年以上、初回カウンセリングの時に挨拶をしてきました。その私が現在カナムーン(kanamoon)という名前でブログを書いています。

新型コロナウイルスが猛威をふるっていた頃、私たちの生活様式が一変し、人と人とが対面で会うことが困難になりました。心を扱う仕事をしているカウンセラーとしては、ネットを通じて少しでも心が弱っている誰かの隣りに寄り添うことができないかという思いから、カナムーンというホームページでブログを書くことにしたのです。このブログをまとめたものが、『隣る人　心が弱ったときに開いてほしい本』です。

カナムーンは私の別名でもあります。ブログは「オンラインカウンセリングのカナムーンです」から始まります。そこで、まずはカナムーンの名前の由来をご紹介したいと思います。

カナムーンは、kanaとmoonの二つの単語で構成されています。それぞれの意味は次のとおりです。

kana　仮名《かな》は日本語の音節文字ですが、自分の思いを音にして表すことで人と気持ちを通い合わせることができます。

moon　月の満ち欠けは私たちの生活や感情に影響を与え、自分でも気づいていない自分の内面と向き合う手助けをしてくれます。

このように、あなたが思いを言葉にすることで、あなた自身と向き合うお手伝いができればという願いを込めてカナムーンと名付けました。人は感情を言葉にして表すことができます。これって人とわかり合うために、とても大切な方法だったりするのですよ。

でも、自分の感情をぴったり当てはまる言葉に置き換えることって難しくないですか？

私たちは赤ちゃんの時から言葉のシャワーを浴びせられることによって、言葉をだんだん覚えていくわけですが、生まれたての頃は自分の感情そのものがどのようなものかわかりませんね。まず、自分と他者が違う人だということもわかりませんから。それが、自分の表情や文脈を周りの大人に「うれしいね」「たのしいね」「かなしいね」などの感情を表す言葉で表現してもらうことによって、感情と言葉が結びついていくといわれています。

ということは、子どもは周りの大人によって、その感情が受けとめられ、共感され、ぴったり当てはまる言葉に置き換えられ、フィードバックされることによって、感情を表現する言葉が豊かに育っていくのですね。

みなさんの心が弱ったときにこの本が隣る人としてみなさんの心に寄り添い、ご自分の感情を表現する何かの支えになることができたらと心から願っています。

目次

第一章

目に見えないもの

やさしい雨

みなさんは雨がお好きですか？　私は雨が好きです。

小学四年生の雨の日の学校で、上靴に履き替えて見上げた階段の吹き抜けの薄暗い空気感の印象が強く心に残っています。何だか少し重たいのだけれど、体を優しく包み込むような湿気を含んだ空気を心地よく感じたのです。雨というのは私たち全体を覆い尽くす優しさがあるような気がしたのかもしれません。

要約法華経の薬草喩品第五に「雨は、小さな根、小さな茎、小さな葉、小さな枝を潤し、また中位のもの、大きなものすべてのものを潤す。樹木は等しく、大小それぞれの種によって受け、種に応じて生長する。雨を受けた場所により、草木の種類によって差別されることはない」という件があります。雨はすべてのものを潤すのですね。

親の子どもへの愛情も雨のようであればと思うことがあります。子どもが成長するために、子どもの心を潤すような愛情を注ぐことができたら、どんなに素晴らしいかと思います。

そんな雨にはさまざまな種類があります。日本語には雨を表す呼び名が四〇〇以上あるようですし、しとしと、ぽつぽつ、ぱらぱら、ざあざあなどのオノマトペもあります。私たち日本人が豊かに表現するその雨は日常生活に深く関わり、私たちを一喜一憂させたりすることもあります。例えば、日照りが続けば雨を渇望し、一方で大雨が続けば洪水を恐れたりもするのです。何だか親子の愛情にも通じるようなお話ですね。

そんなことを考えながら散歩する雨の日も楽しいものです。

誰も見ていないことを確認してから、水たまりにジャンプして入ってみたり、傘もささずに濡れてみたり、雨の日だからこそ楽しめることを堪能していたりします。

雨の日には雨を楽しみ、曇りの日には曇りを楽しみ、晴れの日には晴れを楽しむ。それぞれにはそれぞれの楽しみ方があるような気がします。

ぜひ、みなさんも雨の日を楽しんでみてください。

目に見えないもの

風のお話です。伊勢神宮の外宮に風宮というお社があります。風雨の災害なく稲を中心とする農作物が順調に成育するように祈りを捧げるのが風宮です。内宮にも風日祈宮《かざひのみのみや》というお社があり、そこに至る橋から眺める景色が、中学生の頃から好きでした。

風の正体は空気の流れです。空気は目で見ることができないので、頬をなでたり、草花や木の葉が揺れているのを見て初めて「あ〜、風が吹いている〜」とわかるという特徴があります。また、空気なので形もありません。上に上がったり、下に下がったりの繰り返しで生まれる空気の動きが風なのです。

この風って目には見えません。でも確かにあります。そして、この風は生命の誕生や文明の発展と切っても切り離せないほど大切なものだったりします。雲を動かすのは風ですから、世界に水を行き渡らせるのも風の役割です。植物の種を飛ばすのも風の役割です。

昔から「本当に大切なものは目には見えない」という言葉がありますが、なるほど、そうなのかもしれないと思います。

目には見えないけれど、大切なものの代表として「愛情」があります。愛情って、私たち人間にとっては、とても大切なものですね。乳幼児期に保護をしてくれる人との間に形成される愛情の絆を「愛着」と言いますが、この絆が「安心感」の基盤になります。それが愛情の種にもなります。その種を育てている人は、どのように人を愛すればいいかを感覚的にわかっています。そして愛情は、その人の言動を見れば「あ〜、愛を感じる〜」と何となくわかったりするのです。

愛情の種は、日常の暮らしの出会いの中でも蒔くことができます。愛のある言葉や笑顔の中に、その愛情の種はあります。その種を育てるかどうかは、あなた次第でもあります。

カナムーンは、あなたの心にある愛情の種を育てるお手伝いができればと思っています。

追い風童子

伊勢神宮の外宮の参道に、奈良の「せんとくん」で有名になった藪内佐斗司さんの作品「柄杓童子」があります。

伊勢では江戸時代におかげ参りが流行しましたが、その際にお参りに来ることができないご主人の代わりに参拝に来たというおかげ犬がモデルになっています。また、おかげ参りの道中に柄杓を持っていると、参道を行く先々で食料や宿などを助けてもらえたといいます。この時代には、伊勢御師《おんし》という伊勢神宮の下級神職が今の旅行代理店のように伊勢参拝を勧誘して全国を回ったと言われています。

今回はこの「柄杓童子」の作者である藪内佐斗司さんとのエピソードをご紹介します。

二十五年ほど前のことですが、ギャラリーの仕事をしていた時に、お客様の歯科医院の奥様から、「藪内さんの『追い風童子』が好きなので、患者さんに送るポストカードにできないかしら?」と相談されました。どういう経緯で藪内さんと知り合いになったかは定かではないのですが、藪内さんにお電話してお願いしたら、「まあいいよ」と快諾してもらったことを記憶しています。

「追い風童子」は藪内さんの一九九三年の作品で、ポストカードには追い風童子が小さな唇をすぼめて、追い風をそっと送ってくれている姿が収められています。

依頼主の奥様に一枚だけ分けてもらったので、今でもわが家の玄関には「追い風童子」のポストカードが二十五年の時を経て飾られています。いつも出かける時には、愛らしい「追い風童子」に追い風を送られている気分です。

カナムーンも、みなさんの背中からそっと追い風を送り続けたいと思います。

呼吸

日曜日の朝、九十歳の伯母が亡くなったと親戚から連絡があり、その日のお通夜に参列しました。小さな漁師町に住む伯母は、人のために料理を作ったり、毎朝すべての親戚のお墓の掃除をしてくれていた人でした。

子どもの頃は、お正月やお盆休みになると、親戚一同がその小さな漁師町に集まり、宝引《ほうび》きをしたり、海や川で泳いだり、盆踊りをしたりと、楽しい思い出しか残っていません。お通夜の時はそんな話に花を咲かせながら、昔話をたくさんしました。でも、伯母が亡くなり、小さな漁師町に住む親戚は一人もいなくなりました。さみしい限りです。

伯母の死に顔を見て、母が亡くなった時のことを思い出しました。胃がんだった母の最期を予感した夜に、家族を病院に呼び寄せて、呼吸が浅くなっていく母の最期を看取りました。「人はこうやって亡くなっていくんだな」という経過を目の当たりにして、その穏やかさを見守りました。どのような亡くなり方をしても、最期の時には脳内にアドレナリンが出て、これまでの記憶が走馬灯のように蘇り、幸せな状態で亡くなるのではないかという仮説を立てた研究者がいましたが、もしかしたらそれもあながち間違いではないのだろうと思った瞬間でした。

母の亡くなった姿を見て、つい前の晩まで会話をし、心を動かし、呼吸して、温かかった母はもうここにはいないと実感したことを覚えています。亡くなる前と亡くなった後の体重を測定した研究者がいて、その差は四〇グラムだったとか……。そうすると、人の魂は四〇グラムなのかもしれません。それは信憑性が低い結果だと言われていますが、でもその時にもうここにはいないと実感した母の魂は、その容れ物だったからだから抜け出したような不思議な感覚があったことは確かです。魂は目で見ることができませんが、容れ物としてのからだに魂が吹き込まれるという条件が揃うことで初めて、人間としての生きている姿を見留めることができるのかもしれないなあと母の死を通して感じました。

呼吸の呼は「吐く」、吸は「吸う」という意味で、息を吐くことと吸うことを繰り返すことをいいます。この世に生まれる時は肺に空気が入り「オギャー」と泣くので息を吸うことから始まり、亡くなる時は副交感神経支配の安楽な呼気、つまり息を吐いて終わることが多いと考えられています（諸説ありますが）。

息を吸ったり吐いたりする行為は、空気の出し入れ、つまりこの宇宙とつながる行為なのではないかと思ったことがあります。生まれて息を吸うことでからだに魂が吹き込まれ、死ぬ時に息を吐くことでからだから魂が抜け出るのではないかと、まったく根拠のないことを考えたりして……。死ぬことを仏教では「往生《おうじょう》」と言いますが、これは自然《じねん》に還ることを意味します。塩田千春展で見た「人間の命は寿命を終えたら宇宙に溶け込んでいくのかもしれない」という感覚と近いものがあるのかもしれません。

そうすると、宇宙に溶け込んだ母や伯母の魂は、「千の風になって」この空を自由に駆け巡っているのかもしれません。母や伯母の姿はもう肉眼で見ることはできませんが、魂がいつも近くにいると思うと心丈夫でいられるかもしれませんね。

赤い月

十一月十九日は牡牛座の満月でした。そしてほぼ皆既の部分月食で、赤い月になるようですよ。

でも、なぜ部分月食の月が赤く見えるのか不思議です。だって月は影に隠れているわけですから。これは、太陽光が地球の大気中を通過する際に屈折して、わずかながらに月を照らすからだそうです。そして、光の成分のうち、波長の短い青い光は大気に散乱させられるため、ほとんど月まで届かないそうですが、赤い光は散乱されにくいので、月まで届いて月面を照らすようです。

このように現代では月が赤く見える理由を科学的に説明できます。一方で、昔の人たちは月が赤く見えることをどのように捉えていたのでしょうか。

旧約聖書の記述の中に、空に「黒い太陽と血のような赤い月」が見えた後、巨大な地震が起こったという一節があるようです。この「血のような赤い月」は皆既月食のことで、過去に月食後に偶然大地震が起こった経緯があり、大災害の予兆と信じられるようになったのかもしれません。赤い月は何だか不吉な感じがするのでしょうか。
女性に人気のある石井ゆかりさんはＳＮＳにて、その日の星占いを次のように記しています。

月食はいわば「特別な満月」で物事が大きく満ちて状況が変わるみたいなターニングポイント。満月はバケツ一杯の水を抱えて道を曲がるみたいな感じの時間なので、心がたぷたぷ揺れたり、不安定になったりするけど、それ自体は「悪いこと」ではない。流れが変わるその節目。

こんな日はお月見しながら、心をたぷたぷ揺らしてみてください。たぷたぷ揺れていたら、自然に流れが変わるかもしれません。お湯で一杯になった露天風呂に、たぷたぷ浮かんで揺れながら赤い月を眺めている自分の姿を想像しました。とっても気持ちよさそうで、宇宙の果てまで飛んでいけそうな気がしました。

臨死体験

人がこの世を去ろうとしている時には、どのような体験をするのでしょうか。私たちは死んだ経験がないので、それを明確に語れる人はほとんどいません。ほとんど……と言うのは、ごく稀に臨死体験をしている人がいるからです。

いや、実はごく稀ではないようです。臨死体験は驚くほどよく報告されているようで、死期が近づいた人の三分の一が経験しているとも言われています。もうすでに亡くなった人が迎えに来ただとか、明るい光が射してきただとか、天井に自分の姿が見えただとか、さまざまな体験をしている人がいます。

それらの人に共通している点は、肉体からの精神的な離脱であったり、満足感であったり、また長く暗いトンネルの中をすばやく移動して、明るい光の中に入る感覚があったりするということです。どうやら臨死体験はまったく怖くないようで、逆に快適ですらあるのかもしれませんね。

神経科医のアジマル・ゼンマーは次のように述べています。「神経外科医として、私はときに喪失感と向き合います。取り乱した家族に愛する人の死を伝えるのは、如何ともしがたいつらさがあります。研究から学べることは、愛する人が目を閉じ、私たちの元を去ろうとしているそのとき、彼らの脳は人生で経験した最も素晴らしい瞬間を再生しているかもしれない、ということです」

走馬灯のようにこれまでの人生を振り返り、それも素晴らしい幸せな瞬間が再生されながら死を迎えることができれば、どれほど穏やかだろうと思っています。死の間際の脳研究の中には、死ぬ瞬間本当に幸せな脳波が現れると報告した研究者がいました。

親鸞は、臨終の善悪をば申さずと言っていますが、どのような亡くなり方をしても、死ぬ瞬間には自らの素晴らしい人生が走馬灯のように想起されるのだと思います。それが、死というものなのだろうとおぼろげながら考えています。

そうすると死は怖くないのです。幸せな瞬間を味わいながら死んでいけるのです。それはきっと生まれる前に決めてきた素晴らしい人生を再現することに他ならないのだと思います。そして、みなさんが想像するたくさんの花が咲き乱れた天国で、極楽浄土を堪能するのだとしたら、死は天国への入り口、極楽浄土への入り口なのかもしれません。

一蓮托生という言葉があります。これは、極楽浄土で同じ蓮の花の上に生まれ変わることを意味します。もし愛する人と一蓮托生を体験できれば、死ぬことは本当に怖いことではなくなるのかもしれませんね。

スペクタクル

夕暮れ時の空がとても綺麗だったので、車を停めてパシャリと撮影しました。空が色とりどりに染まると見入ってしまうほど美しいですね。この美しさは約八分前に太陽が照らした光によって作られています。実は、私たちが見ている日没の太陽は、約八分前に沈んだ太陽なのですよ。ということは、私たちはリアルタイムに物事を見ているわけではないということを意味しています。

そういえば友人の一人が、「目に見えるものはすべてまやかしだと思っているの」と言っていたことを思い出しました。私たち人間は、リアルタイムに物事を見ているわけではないし、見たいものだけしか見ないし、記憶したいものだけしか記憶しないという特徴を持っているのです。

例えば散歩をしていても、景色は何も動かないでしょう。私の散歩コースには学校やコンビニなどさまざまな建物がありますが、それはいつも動かずに同じ場所にあります。散歩をしている私が動いているから、その場所に行けば学校やコンビニを見ることができるのです。でも、散歩コースには草も生えているし、石ころだってたくさん転がっています。見えるものは実はたくさんあるけれど、見るものは自分の見たいものだけなのですね。

夕焼け空もみんなが見ることができるけれど、それが見えていても何も感じることなく違うものを見ていれば、その美しさに魅了され、車を停めて写真を撮ることもないのですね。何だか不思議ですね。私たちは見たいものしか見ていないのです。また、記憶したいものだけしか記憶しないという特徴もあるのです。

そして私は夕焼け空をしっかりと見留め、魅了されました。どうして夕焼け空は赤や黄色に見えるのでしょうか。それはね、太陽が地平線近くにあると大気中を通る太陽光の距離が長くなるからなのです。光は波長の長い順に「赤橙黄緑青藍紫」になります。そうすると、赤や橙や黄色は、太陽との距離が長くなっている証拠の色ということですね。

この日の上空にはかわいい三日月が見えていました。天空のスペクタクルを見ている気持ちになりました。だんだん空が暗くなると、星が輝き出します。先日の新月の夜には天の川が見えたとか。こと座のベガ、わし座のアルタイル、はくちょう座のデネブの夏の大三角の一等星が夏の夜空には見えますよ。ちなみに、ベガは二十五年前、アルタイルは十七年前、そしてデネブは千四百年前にそれぞれの星を出た光を私たちは見ていることになります。

ベガやアルタイルやデネブはいつでもそこにあります。それを見るか見ないかは私たち次第なのですね。今夜は美しい天空のスペクタクルを意識してご覧になってみてはいかがでしょうか。色どり豊かな記憶がまた一つ増えるかもしれませんよ。

ろうそくの火

ろうそくの火は、液体になったロウを吸い上げた芯の中心が燃え続けています。この火はいのちに例えられることがあり、いのちを燃やすという表現が使われることもたびたびです。ろうそくは芯の中心が燃えているように、みなさんの中心にはいのちが宿っているのかもしれません。ちなみに私の中心はみぞおちあたりにあると感じています。過去や未来を憂えているときは、私の意識は私の中心から離れてしまっています。あっちやこっちに心がさまよっているのです。そんな時は、自分の中心に意識を戻して、そこで呼吸を感じます。今この瞬間の自分自身を、呼吸を通して取り戻すのです。

何かに悩んでいるときは、ろうそくの火を見つめるのもいいでしょう。ろうそくの真似をして自分の中心を燃やしてみましょう。ロウが燃え尽きて水蒸気と気体になっていくように、私の呼吸も水蒸気と気体になっていくのです。目には見えないけれどそんな現象が起こっているのですよ。

満月と約束　不思議な夢

満月の夜に不思議な夢を見ました。

「約束しましたか？」という男性の優しい声が聞こえてきました。

「約束しましたよ」と包み込むような女性の声が答えます。そして遠い昔を思い出すように会話が続きます。

「カワイアハオ教会の前に、ユーツリーがあったのを覚えていますか？　あの木の下で二人で話したでしょ？　人の人生って生まれてから死ぬまでいろいろあるらしいよ。教会で起こる人生のすべてを経験するために、一緒に生まれようって約束したんですよ」

「そうでしたか。それはずいぶん前にした約束ですね。その後に、私もいろいろな人生を経験してきました」

「私もです。でも、あなたに再会して、あなたの瞳を見つめた時に、その約束を思い出しました。まっすぐに見つめたあなたの瞳に、あのユーツリーが見えたから」

「カワイアハオ教会って、ハワイにある教会ですよね。ハワイで一番古い教会だったかなあ」

「そうです。私はハワイに行くと、その教会のミサにいつも参列していました。その時は思い出さなかったけれど、あなたの瞳の奥にその記憶が眠っていました。思い出さないままに今生を終えるかと思いましたが、忘れられるものなら忘れてみなさいって、そよ風が吹いたように言われたような気がしたんですよ。不思議なものですね」

「そうですか。約束は守るためにあるものですから、一番最初にした約束なら守らなければなりませんね。それなら約束を守るために、少しの時間をもらえませんか。準備をしなければなりません」

「もちろんです。私も準備をするために時間が必要でした。あなたをあきらめようと思ったことが何度もありました。でもね、そのたびに自分の胸に手を当てて、あなたのことを考えてみたんです。ここにある感情は特別で、こんなに人を愛せることはもうないなあって思ったんですよ。それに、私には二人のどちらかが最期を看取る映像が浮かんでいます。それも生まれる前に約束したことです。だから、私はいつまでもあなたをお待ちしています。思う存分、準備をしてください」

　そこで目が覚めました。不思議な夢でした。でも、目が覚めた瞬間に幸せな空気に包まれている感覚がありました。また夢の続きが見られるといいなあ、幸せな二人のストーリーを小説にできるといいなあと思っていたりしています。

第二章

子どもごころ

信じるということ

私たちは人と人との間の関係性の中で生きています。だから人間と言うのですね。人との関わりの中では、それぞれの人の思いがあり、その思いはいつも通じ合うわけではありません。だからこそ、相手が自分の思うとおりにならないと実感するし、その思いの相違からお互いが傷つけ合ったりするのだと思います。そして、その傷は心に残ります。

小児科医の先生が、「子どもはよくけがをしますが、治る傷ならたくさんけがをしたほうがいい。そうすると何をすればけがをするかを自分で知ることができるので、自分を守る術を学ぶことができるのです」とおっしゃっているのを聞いたことがあります。そうすると自由に動き回りながらも、自分を守ることができる。なるほど、そのとおりだなあと思います。

心の傷もまた然りだと思います。治る傷なら心もたくさんけがをしたほうが、自分を守る術を身につけることができるような気がします。そういえば、柔道には受け身という技術があります。受け身は、負けてもけがをしない練習で、選手は毎日の稽古で当たり前のように取り組んでいます。そして、この受け身が上達すればするほど、強くなれるというのです。うまく投げ飛ばされて負ける練習が大切なのですね。

今の子育てや学校教育は、子どもが傷つかないように、子どもを箱の中に入れて閉じ込めている感じがします。河合隼雄さんが『いじめと不登校』（新潮社、２００９）にて「心が傷つかないでどうやって成長するのだ」とおっしゃっていましたが、傷つくからこそ強くなれるのだと思います。ただ、その傷は治る傷のうちに手当てをしなければなりません。

私たちは、人から受けた心の傷口が広がり、その傷が治るのに相当な時間を要するような大きなものになると、人を信じることができなくなってしまうことがあります。このような傷を受けるぐらいなら、人を信じることはやめようとあきらめてしまうのです。そして、人が自分の心に触れることのないように、人を遠ざけようとしたりします。

でも、あなたを傷つけるような人たちばかりがこの世に存在するわけではありません。探すのに時間がかかるかもしれないけれど、あなたを愛してくれる人は必ずいます。愛とは本来ただあるがままを受け入れるものであり、あなたのそのままの自由を尊ぶものです。

そして、あなたを認めてくれる人に巡り会うことによって、もう一度、人を信じようと思えるようになるのです。人と深く関わることは怖いことではないし、自由を奪われることではないのだと学ぶことができます。

もし、あなたの心が傷ついて動けなくなってしまっていたとしても、あなたを愛してくれる人を探すことをあきらめないでくださいね。あきらめなければ、きっと大丈夫ですから。そうするうちに、自分を守る術も身についていくかもしれませんよ。

ファンタジー　子どもの領域

こどもの頃、花がいっぱい咲く野山で無邪気に遊びまわっていたことを思い出します。何がおもしろいのかわからないけれど、とにかく楽しくて、ゲラゲラ笑いながら、時を過ごすだけ。仲良くなった男の子と「また遊ぼうね」「ずっと一緒にいようね」な〜んて言いながら、お花を手渡されたりなんかして、ちょっとした小さな恋のメロディが流れたり……。妄想に近い懐かしい記憶です。

私たちは大人になってしまうと、こどもの頃のことを忘れてしまうことが多いような気がします。常識や固定観念に縛られて、直感ではなく理性で物事を判断する価値基準によって、こどもを評価してしまったりします。でもね、こどもは大人の価値基準では測れないのだと思います。こどもは自由で自然な生き物ですから。

「七つまでは神のうち」という言葉があります。生まれてから七歳までは病で亡くなることが多かった時代に、預かっていたこどもを神さまにお返しするという意味で使われていた言葉です。言い換えれば、七歳までは神に近い存在なのかもしれません。

十歳ぐらいになると、ファンタジー（空想）の世界に浸るようになります。現実世界と異界を行ったり来たりしながら、世界にたった一人の自分を実感していくのです。行ったり来たりする方法は人それぞれですが、私も十歳頃に夢遊病（睡眠時遊行症）のような症状がありました。本当に外を出歩いていたかどうかはわかりませんが、睡眠時に家の近くの坂道を歩いている感覚がありました。夢か現《うつつ》かわからない状態が続きましたが、発達とともに消失していきました。思い返すと、私もいろいろあったのだなあと感慨深くなります。

この十歳という前思春期の年齢について、山中康裕さんは『ハリーと千尋世代の子どもたち』(朝日出版社、２００２）にて「人間が到達しうる哲学的、宗教的、実存的などという心の根源的世界の最高点に通底してしまう時期」だと言っています。『千と千尋の神隠し』の主人公の千尋も十歳でしたし、児童文学で描かれる主人公も十歳前後のこどもであることが多かったりします。透徹したこどもの目から人生を見たらどのような世界に映るのかをファンタジーを通して描くことに意味があるのかもしれません。

　でも、大人になったら、ファンタジーの世界に身を投じる余裕がないほど、現実の生活に振り回されている人が多いような気がします（私も含めて）。想像の翼を広げて空想することは実に楽しいことなのに。「こんなふうに、あんなふうになれればいいなあ～」と思いながら、人生を楽しんでいる大人って輝いて見えたりして。そんな大人が増えれば、こどもたちは「あんな大人になりたいな～」とか「大人になることは楽しみだな～」と思えるかもしれません。だから、私はこれまでの生き方を少し見直して、〝夢見る空想ばあさん〟として、無邪気に人生を楽しみたいと思っている今日この頃です。

智慧の冒険

わが家の玄関には難波田龍起《なんばたたつおき》さんの絵画が飾られています。二十五年ほど前に成城の緑陰館ギャラリーで購入したものです。緑蔭館ギャラリーは、民俗学者の柳田國男さんのご長男の奥様が「緑蔭小舎」として経営していた画廊を縮小したギャラリーで、私は三年間ほど奥様のお手伝いをしていました。「緑蔭小舎」では舟越保武さん、山口長男さん、松田松雄さんなどの錚々たる芸術家の個展が開かれていましたから、奥様について行くとすごい方たちに出会うという経験をさせていただきました。

さて、柳田國男さんと言えば民俗学の大家ですが、その著作「ウソと子供」(『柳田國男文芸論集』講談社文庫、2005)の中で、「人生を明るく面白くするためには、ウソを欠くべからざるものとさえ考えている者が昔は多かった」と述べています。例えば、豆腐屋へ油揚げを買いに行った末っ子が、お腹がすいたので、帰りにその一方を食べてしまい、母親にはネズミにかじられたと言い訳をします。すると母親はそれがウソだとわかっていながら快くわが子にだまされて、彼の幼気《いたいけ》な最初の大いなる智慧の冒険を成功させてやったというエピソードが紹介されています。そして、この最初の智慧の冒険というのは、子どもが発達の過程で養っていく大切な空想力であり、やがては彼が大人になり、社会を形作っていくアイデアにつながっていきます。

「ウソをついてはいけません」と言われて子どもは育っていきます。確かに他者を傷つけるようなウソはいけないし、いつもいつもウソばかりついていると人から信用されなくなります。一方で、私たちが生活していく上で、自分が思っていることとは違うことを言ったり行動したりしなければならないことも少なからずありますし、それはある意味優しさだったりすることもあります。また、ウソをつくことは空想力やユーモアなどを伴う一つの能力で、昔話や落語などでもわかるように決して悪いだけのものではないのだと思います。

例えば漫才にもウソの要素がたくさん含まれています。台本があって練習もしているのに、まるで二人で初めてする話のようにおもしろおかしく話をするのです。聞いてくれる人が笑ってくれるならと、ウソを冗談に変えてしまう遊びが散りばめられています。カウンセリングの中で「どうしたら気持ちに余裕が持てますか」と聞かれ、「漫才を見てみたら」と提案することもあります。

寛容さが失われている現在では、車のブレーキに遊びが必要なように、ウソをつくことで得られる遊びが人生のスパイスになることもあるのではないかと思っています。物事の善悪だけでは測れないことが世の中にはたくさんあるのではないでしょうか。また、利益を追い求める社会の中では無駄と思われることを避けようとしますが、一見すると無駄と思われてしまうものの中に、実は新しい発見や有益になり得る知識が存在することがあるのかもしれませんね。

DEAR FUTURE MOM　未来のママへ

子どもにとって母親（的な大人）はとても大切な存在です。来談者中心療法を提唱したロジャーズは、子どもは母親の中に自分に対する愛情があるかないかを敏感に読み取ろうとし、その肯定的な愛情を子どもと母親の相互が知覚することによって安らかで満ち足りた体験をすると述べています。一方で、もしそのような肯定的な愛情を感じられない場合は、子どもはいろいろな方法で母親の気をひいたり、試したりするようになると指摘しています。子どもの自己の発達にとって、母親との関係性は非常に重要な意味を持つのですね。

ふと、ある子どもの詩が頭に浮かびました。川崎洋さんが編まれた『こどもの詩』（文藝春秋、２０００）の中に収録されている「おかあさん」という詩です。おかあさんに「きれい？」と聞かれたら、ほんとはふつうと思っているけれど、「きれい」と答えるという内容の詩です。あ〜、わかるわかる〜と思わず微笑んでしまいます。

ダウン症の子どもと家族をサポートするイタリアの団体COORDOWNが作った「DEAR FUTURE MOM」という動画があります。ダウン症の子どもを身ごもった母親から届いた「将来が不安です。怖いです」という一通の手紙に返事をする形で作られたものです。ダウン症の子どもたちが登場して、最後に次のように未来のママへ語りかけ、自分たちの母親とハグする映像です。「あなたの子どもはきっと幸せになれるよ。もちろんあなたもね、ママ」

子どもは自分の幸せはもちろんですが、母親の幸せを心から願っています。母親だけでなく、父親やおじいちゃんやおばあちゃんや周りにいる人たちの幸せを。何かしらの原因で歯車がうまく回らないことはありますが、私たちの心の真ん中にある核の部分には、その願いがいつも存在しているのではないかと思うのです。この願いは動画を見れば改めて確認できるのではないかと思っています。そしてその思いをお互いが認識することで、本当の意味での満ち足りた安心感を得ることができるのだろうと感じています。

「DEAR FUTURE MOM」はYouTubeで見ることができますので、よろしければご覧になってください。

算数の天才

小さいお子さんを育てているお母さんから、発達の相談をされることがあります。他のお子さんと比べて言葉が遅いとか、落ち着きがないなど、不安を感じながら子育てをしているお母さんは少なくありません。

子どもの発達は十人いれば十とおりの発達の仕方があります。遺伝子に組み込まれているプログラムどおりに発達していくことに違いはないのですが、そのスピードもその順番もまったく同じお子さんはいないと言っても過言ではありません。また、バランスよくすべての発達が平均的に揃うわけではなく、発達のデコボコは存在します。

この発達のデコボコが、日常生活を送っていく上で生きづらさを感じ、WHOやアメリカ精神医学会が作成した診断マニュアルに該当する場合、さまざまな発達障がいの診断が下されるという仕組みになっています。

『算数の天才なのに計算ができない男の子のはなし 算数障害を知ってますか？』（バーバ

ラ・エシャム文、マイク&カール・ゴードン絵、品川裕香訳、岩崎書店、2013）という絵本があります。算数なら誰にも負けないと思っていたマックスは、計算問題をやるときに時間を競わされると、たちまち算数ができなくなってしまいます。でも、マックスは算数の天才で、小学三年生なのに代数の問題を解いていて、数学オリンピックのメンバーになったという物語です。実は、著名な数学者の多くは計算が苦手だったのですね。

マックスは九九みたいな算数のルールを覚えるのは苦手なのですが、数の概念とか数同士がどのように関連し合うかなどはパッとわかるのです。だから小学三年生で高校の数学Iの問題が解ける……これぞまさしく発達のデコボコですね。

ここで、日本の特別支援教育を振り返ると、マックスのように計算でつまずいたら、ひたすら九九を言わせ、プリント問題をやらせる……というアプローチを行うことが多いような気がします。実は算数の天才なのかもしれないのに！

子どもの発達のデコボコを知り、その子の得意なところを伸ばしていく教育が、日本の特別支援教育にも必要なのだろうと思います。これを「2E《トゥーイー》教育」といいます。2Eとは、twice-exceptional（二重に特別な）という意味で、特定な能力・技能について苦手がある一方で、何か他の得意な能力を持つということで、二重に特別なのですね。

私の知り合いに世界的に活躍されている研究者がいます。その人は子どもの頃に、落ち着いてイスに座っていることができなかったので、自由に動き回っていたようです。その人が「あの時イスに縛りつけられていたら、今の私はなかったと思います」と言っていました。

私は残念ながら特別な能力や技能を持ち合わせていないような気がしています。ですので、いわゆる凡人です。私のような凡人が、マックスのような天才をダメにしてしまうことのないように、発達のデコボコを持つこどもたちを多角的な視点で捉え、得意な能力を伸ばしていくお手伝いができるように力を尽くしていかなければならないなあと思っています。

愛情の絆　安心感はどこから？

今日はアタッチメントのお話をしたいと思います。赤ちゃんは生まれながらにして人と関わるためのスキルを持っているといわれています。赤ちゃんは一人では生きていけないので、主な養育者となるお母さんとくっつくことを保とうとします。このくっつくというのが、アタッチメントなのです。赤ちゃんはお母さんとくっつくことで、お母さんをモニターして、養育してもらえるように自分を調整しているのです。赤ちゃんってすごいでしょう！

このような特定の対象となる養育者とくっつくことで形成される愛情の絆を「愛着（アタッチメント）」といいます。この愛着形成が、子どもの安定した情緒の発達を促し、その後の対人関係にも影響を及ぼすとボウルビィは指摘しています。

赤ちゃんは「泣く」という信号を発します。言葉をしゃべることができませんので、とにかく泣くことで発信するのです。それに応答する形で、赤ちゃんとお母さんとの間で情動の共有が始まります。そして、一人で歩く頃になると、子どもは探索行動を始めます。お母さんを拠点として、自分のからだを自分の力で自由に移動できることに喜びを感じ、動き始めるのです。でも、ふと気づくとお母さんが近くにいない……。それで不安になり、お母さんのもとに戻り、安心・安全の栄養補給をしてもらって、また探索行動に出かけるのです。その時、お母さんは「安全基地」としての役割を果たします。

子どもはどんどん行動範囲を広げていきます。そうすると物理的にお母さんの近くに居続けることができなくなります。そんな時には、心の中にいるお母さんに安心・安全の栄養補給をしてもらうのです。心の中に内在化されたお母さんが、実際にそこにいるかのように、不安な心をなだめてくれます。このような母親イメージに支えられて、情緒的な安定が保たれていくのですね。

子どもの心の発達に大切なのは、この「安心感」です。

でもね、大人も同じかなあと思います。大人の情緒に必要なのも「安心感」なのではないかと、カウンセリングをしていて実感することが多くあります。不安に苛まれていると、何も手につかないでしょう？　大人の心の中にも内在化された母親イメージのようなものがあり、それによって「安心感」が支えられているのではないでしょうか。

あなたにとっての「安心感」はどこから来ていますか？　誰と一緒にいると安心できますか？　誰とくっつきたいと思いますか？　不安を感じた時に誰に会いたいですか？　愛着（愛情の絆）はいかなるＰＴＳＤをも乗り越えていけるともいわれていますから、その「安心感」をご自分の心の中で育ててもらえたらと思います。

ゆったりのんびり

先日、発達障がい児のお母さんたちを対象にした講演会をオンラインで実施しました。テーマは「子どもの発達特性の理解」です。参加されたお母さんは数人だったので、お母さんたちの困りごとを聞きながら、双方向のやりとりの中で、子どもの発達特性の理解について説明していきました。

あるお母さんが、「一歳、二歳、四歳の子どもがいます。四歳の注意欠如多動症の子どもがおもちゃの取り合いで下の子どもを突き飛ばしてしまうことがあり、母親として危ないことを教えるためにいつも怒ってしまうのですが、それで大丈夫ですか？」と質問されました。

刺激が入ると、すぐに反応してしまうという発達特性をお持ちのお子さんについては、まずはその刺激を取り除くことをお勧めすることが多いのですが、そんなに小さいお子さんがいるだけで刺激過多であり、さらにおもちゃがあったらそれを手に取りたくなるのは自然なことです。おもちゃを全部隠すわけにもいかないので、ケンカもするでしょうし、突き飛ばすこともあるかもしれません。

まずは倒れた時にけがをしないように生活環境の配慮をしながら、根気強く突き飛ばすことは危ないことだと教えていきましょう。小学生の発達段階になるにつれておさまっていくと思いますからとお答えしました。それから、危ないことを教えるのは大切なことですから、子どもを叱った後にお母さんが自分自身を責めないようにしてくださいとお願いしました。

子どもはお母さんの笑顔が大好きです。お母さんが安定していれば、子どもの心も安定する傾向があります。そう説明すると「そうなんです。私が安定していると、子どもも安定しているんですよね」と間髪入れずにお話ししてくれたお母さんがいました。

子どもは赤ちゃんの時からお母さんをモニターしています。お母さんがどういう状態なのかによって自分自身を変化させるのです。この世に生まれて生後数か月から、赤ちゃんはお母さんの心を感じ取ります。お母さんから失敗を恐れる雰囲気を感じ取ったり、お母さんが緊張した顔をしていると、泣きたい気持ちを我慢して、良い子を演じたりすることもできるのです。でないと、お母さんから育ててもらえず、この世を生き抜くことができないからです。赤ちゃんってすごいのですよ。

だからこそ、お母さんはゆったり安定していることが大切なのです。赤ちゃんが泣いていても、ちょっとぐらいならそのままにして、大好きなケーキを食べてにっこりしているほうが、赤ちゃんにとっては幸せなことだってあるのです。そんなことを言っていたら専門家に怒られそうですが、子育てはだいたいでよろしいのです。百点満点のお母さんなんて、子どもにとっては息苦しいだけですから。ゆったりのんびりいきましょう！

冬青（soyogo）

元日の朝から、日課のお散歩に出かけました。寒風吹きすさぶ中、ダウンコートを着込んで、いつものようにブラブラ歩きました。散歩道の途中には冬青《ソヨゴ》という木があります。私は「毎日会おうね」という意味を込めて、〝約束の木〟と呼んでいます。

このソヨゴは赤い実をつけるので、初めは南天かな～と思っていたのですが、南天はこんなに背が高くは育たないので、植物図鑑で調べたら、ソヨゴであるとわかりました。このソヨゴは十二月二十五日の誕生花で、濃厚な味わいの蜂蜜が採れる花です。そして名前は葉が風に揺れてそよぐから「ソヨゴ」になったということです。何だか親父ギャグのようですね。花言葉は「先見の明」。やせた土地や乾燥にも耐え丈夫に育つことから、先を見越し、時代を生き抜く力があるということで、この花言葉になったとか。少しこじつけのような感じもして、花言葉を作る人も大変だな～と思いました。

それにしても、「冬青」と書いて「ソヨゴ」と読ませるセンスが私は好きです。葉が冬でも青いことから「冬青」というらしいのですが、何だか寒さの中にも凛として青を放っているイメージが湧き上がってきます。でも、本当は葉の色は緑色なんですけどね。

文学の中にも、この「冬青」という言葉が出てくるものがあります。例えば、芥川龍之介の

『少年』では、「そう云う蟻には石灯籠の下や冬青（モチ）の木の根もとにも出合った覚えはない」や、島崎藤村の『夜明け前（第二部）』では「よく行った神門のそばには冬青（ソヨギ）の赤い実をたれたのが目についたが」とあります。モチノキとソヨゴはよく似ているので、同じ漢字が当てられているのでしょうか。

芥川龍之介の『少年』の中の「海」という小説では、保吉という少年が、大森海岸の海の色を赤っちゃけた「代赭色《たいしゃいろ》」と認識して、常識的な海の青に対しておかしいと思い、それを母に否定されるという物語ですが、葉の青も海の青も、常識的な青色ではないことのおかしさを感じることができます。そういえば、信号機も緑色なのに青と言いますね。

日本語の古来の色名は「赤、青、黒、白」の四色で、この「青」には現在の「青」と「緑」の両方が含まれていて、これは万葉集の時代より前からあったと思われています。「あをによし奈良の都は咲く花のにほうがごとく今さかりなり（万葉集巻三　328）」の「あを」は木々の緑色を表しているようです（諸説ありますが）。だから、日本人は緑色よりも青色のほうが馴染みがあるのかも。

「冬青」から奈良の都の春の光景まで連想が飛びました。元旦の寒さから、暖かな春の日差しを求めてしまったのかもしれません。花が咲き乱れてよい香りでいっぱいになる春を心待ちにしながら、この冬も楽しみたいと思います。

第三章

隣る人

生まれることの三つの不自由

仏教では、輪廻転生という何度も繰り返し生まれ変わるという思想があります。この広〜い宇宙の中で地球という惑星に人間として生まれるということは、有ることが難しいというほど、めったにないことなのかもしれません。だからこそ人間として生まれることは「ありがたい」のだと思います。ただし、一概に感謝の念を持つ「ありがとう」とは言い切れない側面もあります。

アメリカの心理学者であるロロメイが、生まれることの三つの不自由について説明しています。それは子どもが①自分の「生」を選べない、②自分の「性」を選べない、③自分の「親」を選べないという不自由な選択をして人間として生まれるということです。子どもは親の意思によって生まれさせられる現実があり、そこに子どもの意思は介在しません。また、身体的性差はあらかじめ与えられています。さらに、いくら不都合な親であっても、子どもに親を選ぶ自由はありません。虐待をする親の下に生まれれば、ただそれを甘んじて受けるしかないという事実があります。このように、子どもはただ与えられたまま、受け入れるしかない受け身の選択の中で生まれてきます。にもかかわらず思春期・青年期になると「さあ、自分探しをしなさい」と放り出され、能動的に自分と向き合わざるを得ないしんどさを抱えることになります。

スピリチュアルの世界では、人はこの世に生まれる時に体験したいことを決めてくると言われていますが、現実的な世界では、人間として生まれるということは、ただ「ありがとう」とばかり言っていられるわけでなく、結構苦しいことも多いのです。ブッダが初転法輪において、苦の真理とはすなわち生、老、病、死であると説いたように、やはり生まれることは苦しいのだと思います。

でも、私は周りにいる人たちの存在に支えられて生きていることを実感していますので、その人たちが人間としてこの世に生まれてきてくれたことに、心から感謝をしています。あなたの存在に支えられ、心の中にはいつもあなたがいます。離れていても、それぞれの場所で元気にがんばってくれていることに勇気づけられています。そんなあなたに出会えたことに「ありがとう」と伝えたい。あなたがこの世に生まれ、存在していることに感謝します。だから、あなたが生まれてきた日を心からお祝いしたいと思います。

私を支えてくれているみなさんに伝えたい。そしてこれからカナムーンを通して出会うみなさんにも。「お誕生日おめでとう。生まれてきてくれてありがとう。これからもよろしくね」と。みなさんも大切な人たちにぜひ伝えてくださいね。同じ時代に生まれさせられたみなさんにこうして出会えたこと自体が奇跡なのですから。

隣る人

10年以上前のことですが、児童養護施設「光の子どもの家」の施設長の菅原哲男さんの講演を聞いたことがあります。当時勤めていた大学の「学生相談室だより」のコラムに、この時に受けた印象を書き記したことを覚えています。

この本のタイトルにもなっている「隣《とな》る人《ひと》」は、菅原哲男さんがルカ福音書10章のエピソード「善きサマリア人」から発想を得た造語で、この言葉が非常に心に残りました。「善きサマリア人」とは、強盗に襲われた人を、通りかかったサマリア人が応急手当をし、宿屋に連れて行って一晩介抱し、翌朝宿屋にお金を渡し、「足りなかったらまた帰りに払うから」と、名前も告げずに立ち去ったというお話です。イエスは、強盗に襲われた人の隣人（サマリア人）と同じようにするように私たちに命じたと言われています。

菅原哲男さんは、子どもと関わり、育ちに関与しようと願う者は、このサマリア人のように自分の予定をひとまず変更して、必要な手当をしようとしなければならないし、どのような困難な状況に陥ろうとも「隣る人」は決して〝逃げださない〟人でいなければならない。そして、思春期までの子どもには、この「隣る人」が必要だと言っています。

子どもは大なり小なり、さまざまな心の傷を負いながら育っていきます。自分の置かれている環境を嘆き、苦しむこともあるでしょう。でも、そんな時に隣りに寄り添ってくれる大人がいて、その人が自分のことを信じてくれていることが理解できれば、自ら治癒していく力を取り戻し、発揮していくことができるのだと感じています。だからこそ、大人は〝逃げださない〟という覚悟を持って、自分の都合を優先するのではなく、子どもに必要なことは何なのかを真摯に考えながら、子どもと関わる必要があるのだと思います。

「私は誰かの隣る人になれているだろうか？」とときどき自分を振り返ることがあります。なかなか難しいことではありますが、少しでも誰かの「隣る人」となれるように心がけていきたいと思っています。

「あなたは誰かの隣る人になれていますか？」

どんぐり　愛と平和の縄文時代

散歩をしながら大好きな縄文時代のことを考えていました。縄文時代の遺跡には戦いの痕跡が見当たらないので、「愛と平和の時代」と言われています。狩猟や採集によって食物を確保していた縄文時代は、人々が自然に感謝し、食料を分け合うことを基本としていました。縄文時代の主食は保存されたどんぐりなどの堅果類だったということです。

愛と平和の縄文人ですが、二〇一二年の東京大学らの核ゲノム研究では、縄文人との遺伝要素は、アイヌ、琉球、本土日本人の順に強いことが明らかにされました。縄文時代好きな私としては、この新聞記事を「ふ〜ん、なるほど〜」と感心しながら見たことをよく覚えています。

アイヌと言えば北海道ですが、私は二〇一三年に開催された日本ＰＴＡ全国研究大会みえ第6分科会で基調講演を行ったご縁で、その後三回ほど北海道のＰＴＡ関連の講演に呼んでもらったことがあります。講演の冒頭には、北海道の名付け親である三重県出身の松浦武四郎とアイヌの文化についてお話をしました。

アイヌには、神さまが語る昔話（カムイユカラ）があります。私が講演の冒頭でお話しした昔話を紹介します。「むかしむかし獲物が捕れなくなってアイヌが困っていると、フクロウの神さまが見かねて、その理由を探ってくれました。シカやサケの神さまは、アイヌが獲物を捕ったときに、無駄にしたり粗末にしなければ、再び獲物を送り届けてあげようと言います。フクロウの神さまにこれを聞いたアイヌは、捕った獲物を大切に無駄なく扱い、神さまへの感謝を忘れないようにしました。すると、シカやサケが帰ってきました。その後、アイヌは幸せに暮らしました」というお話です。自然の恵みは神々からの授かり物で、互いに敬い、助け合い、感謝し、自然と共に生きることの大切さが伝わってきますね。

アイヌの人たちが、「愛と平和の時代」を生きた縄文人と遺伝要素が近いことが、何だか頷ける気がします。松浦武四郎が北海道を歩き、アイヌの人たちから聞いた地名を記した地図が松浦武四郎記念館にあります。北海道の市町村名の約八割がアイヌ語に由来しているとか。

北海道に講演に行った時にちょうど建設中だったウポポイ（民族共生象徴空間）がオープンしました。ウポポイはアイヌの歴史・文化を学び伝えるナショナルセンターです。「オープンしたら絶対来るぞ！」と心に決めて北海道を後にしましたので、新型コロナウイルス感染症の様子をうかがいながら、ウポポイ行きを計画してみようと思います。みなさんもぜひ行ってみてください。きっと心がほっこりしますよ。

Nobody’s Perfect

カナダでは、「予防に1ドルをかけ惜しめば、7ドルの付けが回る」という試算のもとに、子育て支援においてさまざまな先進的な取り組みが行われてきました。その中に親教育支援プログラム「Nobody’s Perfect（完璧な親なんかいない！）」があります。

このプログラムは、〇～五歳の子どもの親がグループの中で互いの体験や不安を話し合うことによって、子育てのスキルを高め、自信を取り戻していくもので、ファシリテーターと呼ばれる人が進行していきます。

私たちは子どもが生まれた時点で初めて親になります。ですから、初心者マークをつけた親が未熟な子どもを育てていくことになるわけです。子どもが泣いていたら親が悪いのではないか、子どもが何か間違ったことをしたら育て方が悪かったのではないかなどと、親は自分を責めてしまうことが多々あります。でもね、最初からうまくいくはずはないし、子育てに正解はないのです。なぜなら、親も子どもも一人ひとり違うから、正解も千差万別。

このような子育ての体験や不安を分かち合うことによって、「あ～、不安なのは私だけじゃないんだ～」とか、「そういうやり方や考え方があるんだ～」と気づいて気持ちがラクになり、親としての自信を取り戻して笑顔で子育てをすることで、子どもが安心して育っていけるようになるのです。完璧な親なんていません。ほどほどの親、ほどほどの子育てでいいのです。

イギリスの精神分析家・小児科医のウィニコットの言葉に、「ほど良い母親（Good enough mother）」というのがあります。赤ちゃんは、自分ではない母親という存在が時に失敗することで、欲求不満を体験し万能感を手放すことができることによって、自分自身もほど良く育っていくという考え方です。つまり、完璧ではないということが大切なのですね。

私も一児の母親です。育児休暇を終えてすぐに仕事に復帰しましたので、家族、親戚、友だち、近所の人や社会資源からたくさん協力してもらって子育てをしてきました。高校時代からの親友に授業参観に行ってもらったり、ファミリーサポートセンターに送迎をお願いしたり……。アフリカに「子ども一人育つには村の人みんな必要」ということわざがありますが、まさにそのとおりで、子どもはみんなで育てればいいのだと思っています。

また、私は息子を「私のことをよくわかってくれているお互いに助け合える同居人」と見ているので、母親としてはまあ適当、完璧からはほど遠い（笑）。逆に息子が助けてくれることが多いですし、母親としての経験をさせてくれてありがとうと思っています。自分が完璧でないから感謝できるのであれば、完璧でないことは美しいのかも（自己弁護？）と感じる今日この頃です。

子どもは親の所有物ではないし、人格を持つ別々の人間です。それぞれの人生を心地よく過ごせるようにみなさんも肩の力を抜いて、ほどほどの子育てを楽しみましょう。

一箇半箇　分け合える喜び

世の中には友だちは多いほうがいいという風潮が溢れています。アイドルのグループは大人数で構成されていることが多く、それを良しとするイメージがこどもたちにすり込まれている傾向も見られます。また、小学校に入学する時も一〇〇人の友だちができるといいな～なんて歌うこともあり、たくさん友だちがいることが理想とされている怖さを、大人たちがどれほど認識しているのか心配になるほどです。

ちょうど息子が保育園の年中だったときに、あみだくじに当たって？　外れて？　保護者会の会長になってしまったことがありました。会長として年長さんの卒園式であいさつをしなければならなくなり、さて何を話そうかと考えていたときに、禅語の「一箇半箇」という言葉が浮かびました。「友だちは一〇〇人作らなくてもいいんですよ。一箇半箇という言葉があってね、友だちは一人で十分、一人の半分でも十分なのよ～」と話をしました。

この言葉は、ブッダが弟子に、教えを理解してくれる人は一人いれば十分であり、また半人でも十分であると語ったことがもともとの意味になっています。

若者の多くは、友だちができるかできないかが自分の価値付けの大きな要因になることが多く、友だちの有無によって苦しむことがよくあります。友だちは一人でも半人でもいれば十分であるというメッセージを届けることで、少しでも気持ちがラクになってくれたらと思います。自分のことを理解してくれる人が一人でも半人でもいればそれで十分なのです。理解者だと思える人と出会えること自体が心の支えになるのですから。

卒園式のあいさつにはその後にエピソードの続きがあります。後日、保育園の先生から連絡がありました。「お母さん、卒園式で話していた四文字熟語何でした〜？　書道展に出す文字にしたくて〜」というお問い合わせでした。大人にも響く言葉だったのだなあと改めて一箇半箇の言葉の力を感じました。

多様性

私が好きなハワイにはハワイ大学があります。ハワイ大学ヒロ校は、アメリカの4年制公立大学の中で、人種的・民族的に多様であるかどうかという多様性指数で1位に位置していて、アジア人20・6％、白人20・2％、ネイティブハワイアンまたは太平洋諸島出身者9・6％、混血31・2％、その他のグループという割合になっています（2018年高等教育年鑑）。

先日、伊藤亜紗さんの「あふれる「多様性」を疑う「まるごとのあなた」を」という『朝日新聞』（夕刊）の記事を、高校の校長だった知り合いの先生が「新しい視点を与えてくれます」というメッセージと共にメールで送ってくれました。そこには、分断が進行している日本にあふれている多様性という言葉は、バラバラな現状を肯定するだけの、生きた優しさや寛容さとは無関係な標語になってしまっていて、多様性を尊重するフリを見ているような気がする。本当の多様性とは「Be your whole self.（まるごとのあなたで）」

一人の人間の中にある多様性なのではないかと書かれていました。「なるほど～」と思いました。この「Be your whole self.」は心理学でいうところの実存に当たるのではないかと考えています。実存（existence）とは「特に人間的実存を意味し、自己の存在に関心をもつ主体的な存在、絶えざる自己超克を強いられている脱自的存在」を言います。まあ、なんと難しい説明でしょう！　簡単に言えば、自分自身のすべてをかけて人生を主体的に生き抜く存在ということです。そこには人種や民族だけではなく、その人のすべての側面が内包されているイメージです。

例えば、私は犯罪被害に遭われた人たちの支援をしています。その際に当事者の方が「犯罪被害者というレッテルを貼らないでください。私たちには犯罪被害者だけではないさまざまな側面があります」と説明されることがあります。つまり、私は犯罪被害に遭ったけれど、日本人で、○○県出身で、女性で、職業を持っていて、旅行が好きで、活発で……という複数の側面を持っている多様性のある一人の人間なので、犯罪被害者としてだけの目線で接しないでくださいという意味を含んでいるのだと思っています。

一人ひとりはそれぞれ違います。生まれた国も、場所も違います。育ってきた家庭も、学校も、地域も違います。家族も、友だちも、同僚も違います。姿、形も違います。考え方、価値観、性格、趣味、嗜好も違います。持っている知識、経験、技術、智慧も違います。一人の人間の中に多様性が存在します。だからこそ、本当の多様性は「whole（まるごと）」の存在を受け入れることを目指すことにあるのではないかと思います。

こころは誰のもの

今回は、〝こころは誰のもの？〟というテーマで考えてみたいと思います。みなさんは、こころは誰のものだと思いますか？　おそらく「私のもの」だと答える人が大半だと思います。でも、本当にそのような生き方ができている人は多くないのかもしれないなあと思っています。

性暴力被害を受けた女性が書いた、あなたは悪くない、こころはあなたのものだから、自分を責めないでありのままに生きていこうというメッセージを込めた歌があります。被害を受けたかもしれないけれど、こころまでは奪われたわけではない。こころは誰にも支配されるものではない。こころもからだもあなたのものだから、自分を信じてありのままに生きていこうという魂からの叫びのようなメッセージです。

仏教には、命の私物化を戒める教えがあります。誰かの命を独占したり、支配したりすることはできないという意味です。例えば親はわが子を自分のもののように扱うことがあります。よそ様の子どもにはしないようなことを、自分の子どもにはしてしまうことがありますね。それは親の権利を濫用しているという意味で、虐待（abuse）に当たると言われています。

子どもは親の私物ではありません。だから親はわが子を私物化していないか、家族同士で支配し合ったりしていないか常に省みる必要があるのではないかと思っています。子どもは親の言うことを聞くものだとか、家族なのだからこうするのが当たり前だとか……。

あなたの命は自由ですか？　あなたのこころは自由ですか？

家族だからと言って、あなたの命やこころを縛ることはできないのではないかと思っています。あなたの命やこころが欲することをするのに、誰の許しが必要になりますか？

（説明は必要ですが）

私は家族関係で悩んでいる人のカウンセリングを行っていますので、家族＝幸せであるとは思えないケースを多く見てきました。もちろん、それぞれがお互いに尊重し合って幸せに暮らしている家族もたくさんあります。でも、そうでない家族もたくさんあるのです。

日本は特に家族という形態を重んじ、家族によって社会を成り立たせてきた歴史があります。だからこそ、家族にがんじがらめにされて、苦しんでいる人もいるのです。本当にいろいろです。でも、もう少し家族から自由になればラクに生きられるのになあと思うことも多々あります。

占星術では、「土の時代」から「風の時代」に変わったようです。社会構造や常識、慣習、制度などが再構築されて、風のように軽やかな新たな関係性が築かれ、少し自由に生きられるようになるのかもしれません。占星術というと、「えっ？ ちょっと怪しい？」と思う人もいるかもしれませんが、天文学者のケプラーやあのニュートンも占星術を重視し、今の科学の母体になったとも言われていますので、本当に時代の流れが変わるかもしれませんよ。その風に乗れるように、私もこころとからだを軽くしておこうと思います。

グレートマザーの光と影

先日、元養護教諭の先生が「七十歳になっても、母親に支配されて生きている人がいるのよ」と教えてくれました。いくつになっても母親という存在は大切で難儀なものです。そこで、今回は母親について書いてみたいと思います。

ユング心理学では、母という要素には二面性があり、一つには子どもを慈しんで育む力、もう一つは子どもを束縛し、のみこんで破滅させてしまう恐ろしい力があるとされています。母のイメージは、あらゆる物を育てる偉大な母（グレートマザー）で、女性の成長の究極的な目標だとされていて、それは〝母性〟という言葉に集約されています。この母の偉大なイメージが難儀なのです。後者の子どもを束縛し、のみこんで破滅させてしまう恐ろしい力がクローズアップされていないのです。

思春期の課題に、自立や心理的離乳があるのですが、この時にグレートマザーと対決して、心の中で母親殺しをしなければならないと言われています。それはシンプルに母親の支配から逃れるためです。上下の関係性から、一対一の人間としての対等な関係性を再構築するスタート地点に立つというイメージでしょうか。いわゆる死と再生です。

そういえば、中二の息子がタイムラインで、ある投稿にいいねを押していたのを目にしました。その内容は、「母親に死ねと言ってしまった。中三のある夏の暑い日、俺が楽しみにとっておいたアイスクリームを母親が弟に食べさせてしまった。その時、母親に〝死ね〟と言ってしまった。それから何時間か経って母さんが轢かれた。アイスクリームを買いに行っていたと知った。母さん……ごめんよ。俺が最後に死ねと言ってしまったことをずっと後悔している」というものでした。

被害者支援をしている立場からすれば、母親の交通死はとても痛ましい出来事であり、「死ね」と言ってしまった息子の自責感に苛まれる苦しみが想像できるのですが、発達心理学を専門としている私はこのタイムラインにいいねを押した我が息子に母親殺しという象徴を感じ、不謹慎にも嬉しく思いました。この頃から、息子は一階のリビングから二階の自室で寝るようになりました。話しかけてもムス～っとしていて、（お～っ反抗期！心理的離乳！）とその成長をたくましく思ったりして。

実は、この思春期の頃に心の中で行う母親殺し。これができないとグレートマザーにずっとのみこまれ、破壊されてしまう可能性があります。それが冒頭の七十歳になっても母親に支配されている現状を生み出す一つの要因でもあるのだろうと思います。母親と子どもとの関係性を健全に保つのは結構難しいことなのかもしれませんね。

良寛さんの恋

江戸時代の僧侶である良寛は、子どもとかくれんぼをしたり、手鞠で遊んだりと素朴で優しいイメージがありますが、生涯寺を構えず、禅を極め、物質的にも無一物に徹して、清貧の思想を貫いた人だと言われています。その良寛が晩年に熱烈な恋をしたことを、みなさんはご存知ですか?

それは良寛が七十歳の時のことです。三十歳の貞心尼《ていしんに》が良寛を訪ねていきます。良寛は留守だったので、貞心尼はおみやげの手鞠と歌を残して立ち去ります。良寛はこれを受け取り、すぐに返歌を送りました。それが恋の始まりです。そして歌を贈り合うことで、二人は愛を育てていきます。

いついつとまちにしひとはきたりけり　いまはあひ見てなにかおもはぬ（良寛）

そして、この歌のように貞心尼は良寛にとって「いついつと待ちにし人」となっていくのです。ステキですね。お金や名誉を捨て清貧の思想を貫いた人が、人生の最後に恋に落ちるのです。

人間国宝の鎌倉芳太郎さんは、貞心尼と良寛の書について『良寛と貞心尼 新装版』（加藤僖一、考古堂書店、２０１７）にて以下のように述べています。

「貞心尼書のリズム、脳波の波長というようなものが、良寛と極めて近く、また酷似しており、この二人の間には、電波のように、テレパシィというか、それが目で見、耳できき、相通じあうであろうという可能性を知りました。（中略）良寛書は貞心尼に会って、それまでの技巧の書から、愛情（情感）に満ちた、そして波長の高い、美しい書となって、完成していると思われます」

おそらく良寛は、貞心尼と出逢うまでの七十年間で人間として完成形に近い精神性を確立していたに違いありません。江戸時代に七十年間を生きて、もうこれ以上上昇することはないと達観していた時に、貞心尼と出逢ったのです。おそらくそれは良寛にとって感情を揺さぶられる出来事だったのではないでしょうか。貞心尼と愛し愛される喜びを知り、それが彼の芸術活動を完成に導いていったのではないかと思います。きっと二人にしかわからない至高の愛を育んでいったのではないでしょうか。そして、貞心尼は良寛が亡くなった後、三十八歳の時に最初の良寛歌集『蓮の露』、七十歳の時に最初の良寛詩集『良寛道人遺稿』を完成させるのです。

現在の発達心理学の成人期以降のテーマは専ら家族の関係性ばかりです。でも、結婚をしない人たちが増え、高齢化が進む昨今、最後はみんなおひとりさまになる時代、中年期以降の恋愛や友人関係についてさらに研究する必要があるのではないかと、良寛と貞心尼に教えられたような気がします。

白蓮華の花

民話の駅・蘇民では七月頃に大賀蓮が咲き乱れます。この大賀蓮は縄文時代に咲いていた古代蓮の一種でピンク色をしていますが、仏教ではブッダの教えを白い蓮の花に例えることがあります。

与謝蕪村は「この泥があればこそ咲け蓮の花」と詠み、白蓮華のような美しい人生とは、泥のような悲しみや苦しみを乗り越えた人生であると述べています。逆に言えば、泥のような悲しみや苦しみがなければ、美しい白蓮華は咲かないのかもしれませんね。それを親鸞は、「苦しみや悲しみをしっかり見届けながら乗り越えて、自分の人生を生きた素晴らしい人を白蓮華のような美しい人（分陀利華・フンダリケ）」と称しています。

苦しみや悲しみは人生につきものですから、みなさんもたくさんの苦しみや悲しみを経験していることと思います。

いつも脳天気に生きている私にも人間関係がしんどい時期がありました。この苦しみを見届けながら乗り越えることができたらと思い奮闘しました。「悪口や批判は栄養にするのですよ」と教えてくれた人もいました。でも、ブッダの「嫌な相手や敵からの仕打ちがどれほどでも、邪《よこしま》な心がもたらす害にはおよばない」という言葉があるように、相手を正しくない心で見てしまうことの害を感じるようになり、その場から立ち去る判断をしたこともありました。自分自身が邪《よこしま》な心を持っていることを自覚することで、自分を責めてしまっていましたから。

それからというもの、一緒にいて心地よい人としか接しなくなりましたし、やりたい仕事しかしなくなりました。違和感を持つものからは離れるようにしています。泥を避けて生きているような気もしますが、邪《よこしま》な心の種を自分で蒔くことのないように心がけています。それでも、被害者支援をしていると苦しみや悲しみに自ら入っていかなければならない場面も出てくるのは確かです。

最近思うことは、苦しみや悲しみに直面するようなことがあれば、それをしっかり眺めて、味わい尽くして、堪能するぐらいの余裕を持ちたいと考えています。また、嫌な相手や敵からの仕打ちがどれほどでも、どのような毒を盛られても、それを浄化して相手に差し出せるようになれたらどんなにステキだろうと思うようになりました。そういえば、美しい羽根を広げる孔雀は毒ヘビやサソリを捕食することができるようです。美しい姿と毒に高い耐性を持つ孔雀に白蓮華と通じるものを感じます。悪を善に変えていける、毒を薬に変えていける、泥の中にいてもフンダリケとして気高く咲き誇っていられるようになれたらと思う今日この頃です。

ずっと一緒に

新幹線に乗ると、大抵ぼ~っと車窓から景色を眺めています。すると、たくさんの家が立ち並んでいる景色が目に入ります。そんな時私は（こんなにたくさんの人が住んでいるのに、私が生きている間にこの人たちと出会うことはないんだろうな~）と思ってきました。

人との出会いは不思議なものです。ある日偶然出会った人と、末永くおつき合いをすることがあったりします。この広い世界の中で、同じ時代、同じ場所に生きていて、何かしらの形で出会い、それが永いおつき合いになっていく……。出会うべくして出会う人、続くべくして続く人、まるで磁石のように引かれ合う人、出会えたことに感謝できる人、この出会いは神さまからのギフトだと思える人……、その人に出会えたのは本当に奇跡なのだと思います。

みなさんは、そのような人と出会えていますか？

その人は、あなたの人生を変えていくことでしょう。あなたがこの世に生まれた意味を知ることになるかもしれません。あなたのこころが何を欲しているのかに気づくことになるかもしれません。自分でもわからない得体の知れない感情を抱くことになるかもしれません。それぐらい、その人はあなたの人生に影響を与えることになります。

一緒にいることが自然で、一緒に笑い合えることが楽しくて、一緒の空間にいるだけで安心できて、一緒にいると元気になって、ずっと一緒にいたいと思える人……それがその人なのかもしれません。その人とは、ずっとずっと永遠に一緒にいたいと思えるはずです。

その人と出会えたなら、あなたは幸せです。

その人と出会えたことにこころから感謝するでしょう。本当にその人に出会えて良かったとこころから思えるでしょう。その人はあなたの宝物です。その人はあなたのこころを太陽のような明るさで照らし続け、あなたをその光で導くでしょう。

まだその人と出会えていない人は、これから出会えるかもしれません。

人との出会いは、あなたの人生を変えていきます。もうすでにその人と出会っている人は、その出会いを大切にしてください。その人は一人ではないかもしれません。そうであるならば、すでに出会っている人も、これからまだまだ出会うかもしれませんね。まだ出会っていない人は、あきらめずその人を探し続けてください。きっと出会えるはずです。

そして、その人と出会えたら、その出会いにこころから感謝して、ずっとずっ～と一緒にいましょうね～。人生によき出会いを！

寄せ植えっていいな

久しぶりに寄せ植えをしました。姉から「誕生日に鉢植えの花が欲しい」というリクエストがあったので、テーマを〝白〟にして、鉢と土と花をフラワーセンターに買いに行きました。四月のフラワーセンターは、色とりどりの花がたくさんあって、それらを見て回るだけでも、こころがワクワクします。マゼンタ色のガウラもステキだったし、白色のユーフォルビアも可憐でした。

寄せ植えとは、一つの場所に複数の植物を植えることをいいます。育つ環境が似ている植物を組み合わせて鉢などに植えることで、一つのお気に入りの風景をつくることができます。今回のテーマは〝白〟にしたので、苗のバランスを考えながら日当たりが好きな白いお花を四ポット選びました。

背の高いもの低いもの、花や葉の形が線をつくるもの、面をつくるものなど、それぞれの植物の現在の見た目や、将来どのように生長していくかを想像しながら、高さを生かした寄せ植えをしました。お～、まるで多様性社会、ダイバーシティだわ～と思いながら、植えていきました。

ダイバーシティは、組織やグループなどで多様な人材を登用して、それぞれが持つ違いを生かすことで、組織の競争力を高めようとする取り組みを指します。なぜ、違いを生かすと競争力が高まるのでしょうか。ふと、ロジャーズの考え方が頭に浮かびました。

私たちには、自分が自分に対して持っている自己概念があります。「私ってこういう人なのよね～」と自分語りをする自分の枠組みのようなものです。この枠組みは、さまざまな経験をしたり、人との出会いによって広がっていきます。これまで経験したことがないようなことを経験することで新たな自分を発見したり、人との関係を通して自分がどのような人間かを知ることができます。こうして、自己概念と経験・人との出会いの交わりが大きいほど、自らを理解することができるようになり、人として成長することができるのです。この交わっている部分を〝一致〟とロジャーズは表現していて、この〝一致〟が大きければ大きいほど、自己概念が広くなるとされています。違いって心を豊かにしていくのですね。

そういえば、生物多様性（biodiversity）という言葉もあります。これは、地球上の生物はバラエティに富んでいることを意味します。地球上の生き物は四十億年という長い歴史の中で、さまざまな環境に適応して進化し、三千万種ともいわれる多様な生き物が生まれました。そして、それぞれに違いという個性があり、すべての生き物は支え合って生きています。人との出会いだけでなく、すべての生き物との出会いが、心を豊かにしていくのかもしれませんね。

寄せ植えのユーフォルビアに「かわいいねえ」と話しかけたら、「おおきに。今はたまたまユーフォルビアやってまんねん。あんたもべっぴんさんやねえ」と言われたので、「まあ嬉しい。わてもたまたまカナムーンやってまんねん」と答えてみました。ユーフォルビアとの出会いから、おもろい自分を発見できたような気がします（笑）。

ヒ・ミ・ツ

みなさんには、誰にも言えない秘密がありますか？　秘密というのは、他人に知られないようにすることや、隠して人に見せたり教えたりしないという意味で、そのようなさまやそのような事柄も含まれています。誰にでも隠しごとはありますよね。私にも秘密はたくさんあります。

思春期になると、誰とどんな秘密を共有するのかによって、人間関係を濃くしたり薄くしたりするという思春期心性が働き始めます。秘密は蜜の味がするという表現がありますが、秘密は誰かとの関係を深めるために共有したくなるのですね。秘密は誰にも言わないからこそ秘密なのですが、同時に、誰かと共有したくてたまらなくなるという魔力も持っています。不思議ですね。

一方で、あなただけに話すと言われた秘密を、他の人にも話していることを知った時に、非常にショックを受けるナイーブさを持っているのも、思春期心性の特徴です。秘密を共有するグループに入れるか入れないかというのは、自分自身の居場所を確保できるかどうかという死活問題にもつながることもあります。

また、本当に誰にも話せない秘密というものもあります。自分の中に、自分しか知らない自分がいるのです。墓場まで持っていく秘密があると言う人もいますが、これが自分しか知らない自分の秘密なのでしょう。みなさんにも、自分しか知らない秘密がありますか？　私にはあります。でも、それはヒ・ミ・ツです（笑）。

そんな秘密を、カウンセリングではお聞きすることがあります。「初めて人に話しました」という言葉を先日も伺いました。私は被害者支援をしていますので、その内容はとても重たいものが多く、数年から数十年その人のこころの中に隠していた秘密を吐き出され、時には目眩をしながら受けとめることもあります。

それも臨床心理士には守秘義務（秘密保持）があるので、安心してお話ししていただけるものと思っています。ただし、カウンセリングの中で知り得た個人情報や相談内容については、その内容が自他に危害を加える恐れがある場合や法による定めがある場合は例外になることがあります。

例えば、相談者が未成年で性暴力を受けたという内容の相談だった場合は「これはあなたのいのちやこころ、からだに関わることだから」という理由で、保護者に話す許可を求めることがあります。

ですが、基本的には守秘義務を第一とする倫理規程がありますから、カウンセリングを始める際には、守秘義務があることをクライエントにお伝えするのがルールとなっています。誰にも話せない秘密を持っていることで生きづらさを感じていたらカナムーンにご相談ください。

ファミリー・サイクル

ミヤコワスレという花の名前は、鎌倉時代に承久の乱に破れた順徳天皇が北条家によって佐渡島に流された際に、この花を見て都恋しさを忘れたとの伝承に由来します。この由来によって花言葉は「別れ」とされています。悲しい花言葉ですね。

別れと言えば、先日、石橋貴明さんと鈴木保奈美さんが、お子さんの高校卒業を機に離婚されました。婚姻関係は解消するものの、お仕事は一緒にされるようで、新たなパートナーシップを築き始めると報道されていました。

この報道を受けて、武田鉄矢さんが「若いうちは女の部分に惚れますけど、六十歳前後から男と女じゃなくて、人間としてどうつながるか……」とコメントしていましたが、なるほどな〜と感心しながら納得してしまいました。

恋愛はお互いの勘違いから始まるとも言われていますので、相手の異性としての魅力に惹かれて結婚するのかもしれません。そこから子どもが生まれ、家族になり、父親や母親としての役割を果たすことになります。そして、子どもが巣立ち、夫婦二人の関係性に戻った時に、人間としてどのようにつながるのかを改めて問う瞬間があるのかもしれないなあと思います。子どもの巣立ちだけでなく、例えばコロナ禍がきっかけで家族関係や夫婦関係を見直さざるを得なくなった時に、改めてどう相手とつながるかを考えたご夫婦もいらっしゃるのではないでしょうか。

家族にも発達段階があります。家族周期（ファミリー・サイクル）の段階によって、それぞれの時期に特有の家族の発達課題があるというものです。子どもが巣立つ時期には、やはり夫婦役割を調整し再確立する必要があります。この課題がうまくいかないと発達的危機を迎えることになるといわれています。そうなると離婚は、発達的危機なのかもしれませんね。

作家の田辺聖子さんが結婚について次のように断言されていました。「いい人がいなければ結婚は急がなくてもいいし、うまくいかなかったら、無理せずどんどん離婚すればいいのです。大切なのは自分に合う人、つまり、しゃべり合える相手を見つけること」だそうですよ。

私も田辺聖子さんの意見に賛成です。確かに家族にとって離婚は発達的危機なのかもしれませんが、子育てを終えたら、いかに自分が幸せに過ごすことができるかを考えてもいいような気がします。自分のことを幸せにしてあげられるのは、やっぱり自分しかいませんしね。そういう意味で、自分に正直に生きることを許してあげてもいいのではないかなあと思います。

それに、自分に合う人と笑顔でしゃべり合えることは、とても幸せなことです。そして、その人と一緒にいる自分を好きでいられるかどうかも大切ですね。自分を好きでいられることは、自分のことを幸せにしてあげられる原点だと思います。居心地よく、ご機嫌よく、おしゃべりできる人と心の深いレベルでつながり、共に過ごすことができたら、どんなに幸せでしょう。人生の最後の仕上げに入ったら、そんな穏やかな時間を過ごしたいなあと思うことは自然なことだと思います。

愛と恋の違い

瀬戸内寂聴さんは、「人間は何歳になろうが、愛したり、愛されたりすることをやめることができない存在」であると、生前言っていました。また、『今を生きるあなたへ』（SB新書、2021）では「恋愛は、何といっても生きる原動力になります。本当に悲しんでいる人、苦しんでいる人がいて、それがおばあさんであれ、おじいさんであれ、そのときに自分を受け入れてくれる人、理解してくれる人、同情してくれる人が目の前に現れれば、人はその人を好きになるし、それによって立ち直ることができます。やはり人間は一人では生きられないものだし、人の人生を支えてくれるのが恋愛だと思います」とも言っていました。

まさにそのとおりだと思います。私たちは常に自分をありのまま受け入れてくれる人や理解してくれる人を求めています。それは、自分の命の存在を証明してくれる人を求めていることと同義なのかもしれないなあと思います。でも、相手に求めているだけの関係性は「恋」でしかありません。

それは「愛」とどのように違うのでしょうか。

「愛」とは無条件にありのままの相手を受け入れている状態のことなのだと思います。あなたが私を愛してくれたら、私もあなたを愛しますという条件をつけることはありません。ただただ、私はあなたを愛するのです。そのままのあなたを愛するだけなのです。

まあ、何と難しいことでしょう！　でもね、どんな私でも愛してもらえたら、その満ち足りた安心感はこの上ない喜びをもたらすでしょう？　愛し愛されていると、幸せな空気に包まれたように心が温かくなります。そしてその幸せな温かさは余韻が残るように続いていくのです。クスッと笑ったあとの満ち足りた笑みのように。それが「愛」なのだと思います。

品川博二さんは『死別から共存への心理学　スピリチュアル・ペインとケア・カウンセリング』(品川博二、赤水誓子、関西看護出版、２００５）にて「死は自分と他者を否応なく分断し、私に孤独な最後を準備します。私は愛し、愛されているという思いなしで死に臨むことは、まさに死にまさる苦しみなのです」と述べています。

「愛し、愛される」ということは、お互いの命の存在証明であり、また精神の完成でもあり、生きる意味や死の受容をもたらす究極の関係性なのだろうと思います。だからこそ、私たちは何歳になろうと、愛したり、愛されたりすることをやめることができない存在なのかもしれません。

みなさん、命あるうちに思う存分、「愛し、愛される」ことを楽しんでくださいね。

存在するということ（being）

ウィニコットは、子どもが安心して育つ上で、養育者である母親がそこで静かに連続性を保ちながら存在していること（being）の大切さを述べました。おそらく子どもだけでなく、大人であったとしても、変わりなく自分を愛してくれる存在がいれば、安心するのではないかと思います。

例えば、日によっても時間によってもころころ態度が変わる人と一緒にいると、心が落ち着かないでしょう。人間だから感情の変動はあるものの、安定した状態でいつも自分を見守ってくれている人がいたら、安心しますよね。

子どもの頃はそういう人を求めるでしょう。大人になってもそうかもしれません。でも、大人になれば自分自身が安定した存在であり続けることが、周囲に安心感を与えることになります。年を重ねるにつれて、与えられる人から与える人へ、愛してほしいと願う人から愛する人へ成長することも大切なような気がします。

忍びがいっぱい

八十五歳の父が一年半前に敗血症の手術をした時のお話です。

術後はせん妄が起こる可能性があるので、錯乱状態に陥ることによる転倒や、治療に必要な点滴の自己抜去の危険性がある場合、もしかしたら夜間に身体拘束をするかもしれないと看護師さんから説明されました。でも父の尊厳を守るために、できる限り拘束はしないようにお願いしました。その夜、看護師さんからせん妄が出て興奮しているため、身体拘束してよいかと電話があり、「なるべく短い時間でお願いします。日中は勤務の調整をして父と一緒にいるようにしますので、夜間だけお願いします」と伝えました。

せん妄とは、身体疾患や薬の影響で、一時的に意識障害や認知機能の低下が起こることを指します。入院や手術、薬、低血糖、脱水、栄養失調、外傷など、からだやこころに強いストレスがかかるとせん妄を発症しやすくなります。症状は、周囲の状況がわからなくなる、幻覚、妄想などで、せん妄を発症すると予後が悪くなる可能性があります。

翌朝、父の病室に行ってみると、「忍びが床からも天井からも出てくるんだ。ほら、今も出てきた」と目をキョロキョロさせながら興奮して話してくれました。「へぇ～、忍びがいるの?」と答えると、「見えないのか?」と驚かれました。「私も忍びが見たいけど、残念ながら私には見えないわ。お父さんにしか見えないみたいよ」と言うと、不思議そうに私の顔をジロジロ見ていました。不謹慎ですが、(おもしろい!)と思いました。

そこから〝忍び劇場〟の始まりです。病室のいろいろなところから忍びが登場します。床から、壁から、天井から、ベッドの下から、クローゼットから、大きい忍び、小さい忍び、そうこうするうちに、壁に大きなテレビが登場して、そこに映し出されているものの説明、テレビの調子が悪くなり、小さい忍びが修理を始め、それがうまくいかないようで電器屋を呼んできてと頼まれたり……。めまぐるしく展開する〝忍び劇場〟を「あら、そう」「へぇ〜、おもしろいな〜」と言いながら、巡回してくる看護師さんにも共有してもらい、すっかり楽しんで聞いていました。

その夜は少し落ち着いたようで、身体拘束をされることはなかったようです。せん妄の予防法の中に、周りの状況を常に説明する、家族が積極的に話しかけるという方法があるのですが、まあその実践といったところでしょうか。

一応、私はこころのケアの専門家ですので、忍びが見えている父の真実に数日間付き合いましたが、もしかしたら見えない私のほうがおかしいのかもしれないな〜なんて思ったりして。そうこうするうちに、せん妄はおさまり、忍びは消え、それから父は忍びを見ることはなくなりました。私としては、忍びがいなくなったことは、何だか残念なような気がします(笑)。

第四章

いのちの輝き

深い愛　生命のメッセージ

私が大学の准教授をしていた二〇〇六年に学生たちと一緒に「生命《いのち》のメッセージ展in鈴鹿国際大学」を開催しました。殺人や交通事件などの理不尽な理由で生命を奪われた人たち（メッセンジャー）のパネルと遺品の靴を展示するもので、全国各地で開催されています。この後、三重県では六つの大学の学生たちが集まって、二〇一〇～二〇一三年の四年間、四日市市、鈴鹿市、川越町、亀山市で「生命のメッセージ展inみえ」を開催しました。交通事故で息子さんを亡くされたご遺族と私は、これらの開催にずっと関わってきました。

朝いってらっしゃいと元気に送り出した大切な人が、ご遺体となって帰ってくるという経験をされたご遺族たちを十七年以上支援してきたこともあり、いつも身近に死を感じて生きてきました。明日は誰にも約束されていないことを目の当たりにしてきましたので、一般の人たちの死生観とは少し異なるかもしれません。

今回の新型コロナウイルス感染拡大では、もしかしたら自分や身近な人が死んでしまうのではないかと死を意識された人も多かっただろうと想像しています。身近に死を感じて生きることのしんどさを、私も被害者支援を始めた当初経験しましたので、みなさんの中には自らの死と向き合うことで、コロナの前と後で変化したご自分の死生観や人生観に戸惑っている人もいるかもしれませんね。

ただ、死を意識して初めてわかることもたくさんあります。

亀井勝一郎さんが著作『愛と祈りについて』（大和書房、１９７６）の中で「一番深い愛」について触れています。「死に直面してはじめてわれわれはその人のさまざまな願いや行いや仕事の意味をはっきり知る。死は人間の生命を完璧に語る。死んでみてなるほどああいう人間だったのかということがいよいよはっきりして愛情の涙を流す。ところでもしこの世で一番深い愛があるとすれば、死してはじめて語ることのできる願いを、生きている生身のまま感じる――これが一番深い愛というものではなかろうか」

新型コロナウイルスは私たちにとって非常に厄介なものですが、生きているこの瞬間を大切に生きること、自分の本当の願いは何なのかを理解すること、そして大切な人たちの願いをこの瞬間に感じることがいかに尊いことなのかを改めて考え直すことができた二〇二〇年上半期だったのではないかと思っています。

私たちは大切な人といつ別れるかわかりません。予期できる別れなのか、予期できない別れなのか、どちらを選ぶこともできません。親鸞は臨終の善悪をば申さずと言っていますが、どのように死んだかが重要ではなく、どのように生きたかに価値があるのです。

みなさんには、大切な人たちの願いをお互い生きているうちに生身のまま感じてもらえたらと思います。後悔のないように。

からだがあるうちに

仏教の昔話の中に、からだのお話があります。むかしむかし、ある旅人が古いお寺で休憩をしていました。すると二匹の鬼が一人の人間の死体を取り合いながら、お寺にやってきました。その時、旅人は二匹の鬼に見つかってしまいます。鬼は死体をはさんで「それは俺のものだ」と言い合いながら、一匹の鬼が死体の右腕をもいだら、「違う、それは俺のものだ」ともう一匹の鬼が旅人の右腕をもいで、その死体にくっつけることを繰り返しました。そうこうするうちに、旅人は自分のからだが死体のからだとすっかり入れ替わってしまって呆然としたというお話です。つまり、からだが入れ替わったとしても、旅人の意識は存在していたということです。だから自分のからだというものはもともと無くて、ただ魂の容れ物としてのからだが存在するだけなのだということを示唆している昔話なのですね。仏教の昔話らしいなあと思いました。在るのに無い、無いのに在る。

私たち一人ひとりにからだがあるということは、一人ひとりが目に見える存在であるということです。そうするとそこにその人が存在することを認識できるので、その人に会いたい、近くにいたいという執着が生まれます。好きな人ができると、その人に会いたくて仕方がなくなりますね。見つめ合いたいし、声が聞きたいし、体温を感じたいし、くっつきたいという欲求が生まれます。

愛する人を失うと、その人に会うことができなくなります。それは、愛する人の存在そのものを失うことになります。もう二度と会えないということと同義です。それは身悶えするような苦しさです。仏教の四苦の一つに〝愛別離苦〟がありますが、まさに愛する人と別離しなければならない苦しみのことを言います。

この苦しみは本当につらい……(涙)。でも、〝良薬口に苦し〟ということわざがあるように、苦しいことは自らを成長させることができます。「泣いても何も変わらないでしょ」と言う人もいますが、苦しかったらその感情を素直に表して、泣き続ければいい。泣いて泣いて泣き続けて、その感情をしっかりと抱きしめてあげれば、いつか前を向いて一歩踏み出すことができるのです。苦しみながらでも一歩ずつ進んでいけば、いつかはきっと笑える日がきます。

でもね、このような感情を味わえるのも、からだがあるからこそです。嬉しいこと、悲しいこと、苦しいこと、楽しいことを感じられるのも、からだがあるからです。だから、からだがあるうちに、この人生を十分味わいましょう。元気なうちに、行きたいところに行って（コロナに気をつけて）、やりたいことをやって、おいしいものをたくさん食べて、愛する人を思う存分愛して、欲求にまみれながら、煩悩の波乗りを楽しむのもまたファンキーな生き方なのではないでしょうか。地獄に落ちそうですけどね（笑）。

「死」の百科事典

今から七年ほど前に、『「死」の百科事典』(あすなろ書房、2014)を購入しました。当時は、命の授業をする機会が多く、理不尽に命を奪われた人たちの人型パネルと生前履いていた靴を展示する「生命のメッセージ展inみえ」を開催していたことから、「死」について考えることが日常となっていました。

この百科事典の冒頭には、次のような墓碑銘が紹介されています。

かわいいわが子よ、安らかに眠れ
神はそれが最善とお考えになり、おまえを天に召されたのだから

これは、わずか十五か月で亡くなった子どもの墓碑銘です。前出の「生命のメッセージ展inみえ」には、交通事件で亡くなったよちよち歩きの男の子の人型パネルと靴が展示されていたこともあり、その男の子の顔が頭をよぎりました。

私たちは誰もが死を迎えます。限りがあるからこそ命は大切なのです。生きるということは、死と隣り合わせで生きるということ。古くからある「メメント・モリ」という言葉は、「死を忘れるな」という意味なのですが、「心せよ。生きることが重要だ」が本当の意味のようです。

なぜ、今回「死」について書こうと思ったかというと、先日、自殺企図を数回繰り返した思春期の若者のカウンセリングをしていた時に、蝶の話をしたからです。古代ギリシャでは魂は蝶の姿で肉体を離れると信じられていたため、蝶は死と復活の象徴とされていました。

ある日のカウンセリングの時に、黒い大きな蝶がひらひらと飛んでいるのを見つけたので、私が「蝶はさなぎの時にどのような状態でいるか知っていますか？」とその若者に聞いてみました。そうすると、その若者は「知っています。さなぎの中はドロドロした液体になっているようです」と答えてくれたのです。「よく知っていますね～」と私は感心しました。

蝶はあの美しい姿になる前は、ドロドロの液体としてさなぎの硬い殻に内包されています。液体からの劇的な変化を遂げるためには、あの硬い殻が必要なのです。しっかり守られていないと、あの美しい姿には変態できないのですね。

私はその若者に言いました。「あなたは今さなぎの中にいるドロドロの状態なのかもしれませんね。蝶のように変化を遂げられるといいですね」と。現在では、その若者は自殺企図をすることが無くなりました。液体から少し蝶の片鱗を見せ始めているのかもしれません。

若者には生きてほしいと思います。命自体に価値があります。生きているだけで十分なのです。「心せよ。生きることが重要だ」なのですね。

お花見

先日はお花見に行きました。桜の花は、満開になると膨らみを持った豊かさと、花びら一枚一枚の可憐さがあって、その両面を併せ持つ美しさに引き込まれます。この美しい桜を生きているうちにあと何回見ることができるだろうかと、この季節が訪れるたびに考えます。

私たちはこの世に生まれてから死ぬまで、形のある世界で生きることになります。私たちもからだという姿を持ち、桜も花という姿を持っています。だからこそ、目に見える形で私たちは桜を愛でることができるのです。

あと何回桜を見ることができるのか……という問いは、このからだがこの世にあるうちにという前提条件がつきます。私たちはみな生まれ落ちた瞬間から、時間の流れの中でからだが老いていくからです。そして、この世の死という概念は、私たちがからだを失うことを意味します。

老いるということはネガティブに捉えられることがありますね。アンチ・エイジングという言葉があるように、老いに抗うことで若さや美しさを保とうとすることが、日本では価値のあることのように考える人たちがいます。

伊勢神宮には式年遷宮がありますが、これは二十年に一度、神さまに新しい神殿にお引っ越ししていただくという風習です。この背景には、〝常若《とこわか》〟という考え方があります。日本は木の文化ですから木造建築物が常に若々しく新しくあることとその伝統を後世に繋いでいくことが重要になります。この〝常若〟という瑞々しさを重んじる精神性から日本では新しく若いことが重視される傾向があります。

一方で、ヨーロッパは石の文化です。ギリシャにあるパルテノン神殿は、紀元前四三八年に完工されていますので、実に二千五百年以上その姿を保っています。ヨーロッパではその歴史が重んじられることが多いようですから、古いものに価値が置かれるのです。

私は、若さより年月を重ねた味わいのある深さのほうが好きです。顔にできる深いしわ、味わい深い優しい声、歴史を感じる少し丸まった背中など、年を重ねないと出すことができない空気感が好きなのです。坂を上がるような勢いはもうないかもしれないけれど、全身の力を抜いてゆっくり坂道を下りながら、残された時間の中でこの世に生まれたことを楽しんで生きることの豊かさを実感できることが、至高の喜びなのではないかと思うのですよ。

最後の瞬間まで、私がこの世に生まれてきた意味は何か、この地球に何をしに来たのかをぼんやり考えながら、ゆ～らゆ～らダンスを踊るように軽やかに、ありのままの姿で愛する人と共に年を重ねていけたらどんなに幸せだろうと思います。老いた手をしっかり握り合いながら。

だから、これからは少しスピードを緩めて、ゆったり歩いていこうと思っています。思いつくまま気の向くまま、ありのままで坂道を下りながら桜の花を愛でたいと思います。

太陽の塔

みなさんは、一九七〇年に大阪でアジア初の万国博覧会が開催されたことをご存知でしょうか？　当時私は二歳でしたが、両親と姉と一緒に大阪万博に行った時の写真が残っています。ただ、記憶にはまったく残っていませんが……。

大阪万博を象徴するアイコンであった太陽の塔の外側には三つの顔がついています。お腹についている〈太陽の顔〉は現在を、頂部の〈黄金の顔〉は未来を、背面の〈黒い太陽〉は過去を表しています。作者である岡本太郎さんは「人間の身体、精神のうちには、いつでも人類の過去、現在、未来が一体になって輪廻している」と考えていたようですから、太陽の塔自体が「過去」「現在」「未来」の循環なのかもしれません。

一方、太陽の塔の内部は半世紀にわたって閉鎖されていましたが、二〇一八年に再生を果たし、常設の展示施設に生まれ変わりました。現在は入館予約をすれば、情熱的な赤を背景にした〈生命の樹〉を見学することができます。

〈生命の樹〉はまさに「過去」「現在」「未来」を表しています。天空に伸びる一本の樹体に、単細胞生物からクロマニョン人まで、生物進化をたどる三十三種もの生き物がびっしりと螺旋を描いていました。個体発生が系統発生を繰り返してきたように、人類の系統発生が「過去」「現在」「未来」を通して表現されています。

そこには「生命のエネルギー」が充満していて、フロイトの言う「エス」が天空に向けて爆発しているイメージです。岡本太郎さんの「芸術は爆発だ～！」という声が聞こえてきそうな空間でした。

そして頂部には無限の天空を表現した太陽の空間が広がります。それは「黄金の顔」につながっていて、「黄金の顔」からはアンテナのようなものが空に向かって伸びていました。う～ん、何と言うか……まるで宇宙と交信しているかのようでした。一九七〇年からずっと太陽の塔は宇宙と交信してきたのではないでしょうか。そんな錯覚を覚えるような不思議な建築物でした。みなさんもぜひ、未来に続く「生命のエネルギー」を体感しに、太陽の塔に足を運んでみてはいかがでしょうか。行かれる前は入館予約をお忘れなく！（笑）

運命の猫

二十代の初めから、四十代前半までの二十三年間を共に過ごしてきた猫がいました。その名は「じぇーもん」です。

じぇーもんとは広島で出会いました。その頃私は大学生で、アマチュアロックバンドのマネージャーをしていました。そのバンドはすでにメジャーデビューが決まっていて、バンに機材を積み込んで、全国のライブハウスツアーを行っていた時のことです。

岡山から広島に移動していた時に、ローディーのスージーくんに雑誌を見ながら「猫かわいいね。飼ってみたいな～」と話をしていたら、夜になって「猫、拾ってきましたよ。ラーメン屋の前にいました」とスージーくんが連れてきてくれたのがじぇーもんでした。

名付け親はバンドのドラマーで、当初は「猫左衛門《ねこざえもん》」という名前でした。ちなみに私は「律《リツ》蔵《ゾー》」と呼ばれていましたので、江戸時代好きなドラマーがつける名前としては妥当なところでした（笑）。その「猫左衛門」がいつの間にか「じぇーもん」に変化していきました。

それからじぇーもんは全国のライブハウスツアーに同行することになり、車はもちろん、飛行機、船、電車など、乗り物には一通り乗ることになりました。富士山の八号目まで登ったこともあります。地方のライブハウスで行方不明になったり、病気やけがをしたりと、いろいろなことがありましたが、二十三年間苦楽を共にしてくれたことに感謝しています。

じぇーもんと一緒に飼った猫たちもたくさんいましたが、数年でもらわれていったり、亡くなったりして、やっぱり絆が一番深かったのはじぇーもんだけだったのだなあと実感しています。じぇーもんが亡くなってから猫を飼うことがなくなりました。私にとってじぇーもんは〝運命の猫〟だったのだと確信しています。

人間もご縁があって出会うわけですが、そのご縁の深さもさまざまです。〝運命の人〟という言葉もあるように、出会うべくして出会った人、一緒にいると妙に安心する人、どのような出来事が起ころうと離れていかない人、ずっと一緒にいたいと思える人など、不思議なご縁で結ばれているなあと思える人がいます。そのようなご縁があれば、ぜひ大切になさってください。その人はきっとあなたの宝物になるはずです。良きご縁をお祈りしています。

第五章

これでよい

変化することの美しさ

進化論で有名なダーウィンは「生き物は変化していく」ことを科学的に世の中に打ち出した最初の人だと言われています。環境の変化に適応することが生存と繁殖に関わり、そこに優劣の観点はなく、環境が変化すれば、どのような生き物であっても、一からその環境に適応しなければならないことを意味しているようです。もしかしたら新型コロナウイルスで変化した環境にどのように適応するかも、私たち生き物が変化していく一つのプロセスなのかもしれません。

次に、人間のライフサイクルの中での変化について考えてみましょう。私たちは生涯を通して変化を繰り返しながら発達していきます。若いときは山を登るような上昇的変化を、年を重ねると山を下るような下降的変化をするイメージですね。このライフサイクルを通して、最も変化が著しい時期は、思春期だと言われています。こころもからだも急激に変化するので、思春期のこどもたちはその変化に適応するのに四苦八苦します。

河合隼雄さんは思春期をさなぎの時代と表現しています。「思春期とは、さなぎのような時期である。さなぎというのは硬い殻に包まれて死んだように動かず、外から見ると何が起こっているのかわからない。しかし、さなぎの内部ではいもむしが蝶になるという大変な変化が渦巻いている。いもむしが無事に蝶になり、飛び立つためには外側に硬い殻を築き、さなぎの時代を過ごさねばならない。同様に人間にも、さなぎの時代が必要である」と。

でも、人間にはこの大きな変化を守るさなぎのような硬い殻がありません。どうすればいいのか？　それは、大人が思春期のこどもたちの変化を守る硬い殻になる必要があるのです。こどもたちが安心して変化できるように見守り続け、危機的状況に陥ればすかさず守ることができる準備をしておかなければならないのだろうと思っています。するとこどもたちは無事に蝶になり、飛び立つことができるのですね。

ただ、この変化は思春期だけのものではなく、人間が一生涯を通して経験するものでもあります。アイデンティティの確立という言葉を聞いたことがありますか？「私は一体何者なのか」の答えを探すのは思春期・青年期の特徴と言われていますが、実はこれは「死ぬまで続く無意識の過程」とエリクソンは述べています。つまり、変化は死ぬまで続き、私たちはいくつになっても蝶になり、飛び立つことができるということでしょうか。

いくつになっても変化することを恐れないでください。そうすればいつでも美しい蝶になって飛び立つことができるのです。「もうしんどいからいいわ～」と言わず、死ぬまで変化を楽しむことが、私たち人間の進化なのかもしれません。ぜひ、チャレンジし続けてくださいね。

私のノブレス・オブリージュ

フランスに行った時に立ち寄ったお城でパーティーがありました。モーツァルトのような外見をした人に出迎えてもらって、バッハの「Air on the G String（G線上のアリア）」をリクエストして演奏してもらった記憶があります。何だか貴族になったような気分でした。

フランスの貴族といえば、「ノブレス・オブリージュ」という言葉を思い出します。フランス語の「貴族（Noblesse）」と「義務を負わせる（obliger）」から誕生した言葉です。欧米社会では基本的な道徳観として浸透していて、財産や権力など社会的地位を有する者は、それ相応の社会的または道義的義務を負わなければならないという意味です。

財産や権力などは自分の外側にある持ち物ですが、私はこの言葉を「持てる者の義務」と広く解釈しています。例えば、たくさんの知識を得て、さまざまな経験を積み、それによって豊かな智慧を持っている人たちが世の中にはたくさんいます。それは、自らが苦労しながら積み重ねてきた自分の内側にある持ち物であり、同時に深い愛情や勇気を持ち合わせていることも多いものです。

そのような内面の豊かさを持っている人は、他者のために行動し、社会的に人々に貢献することを求められているような気がしています。自らの知識、経験、智慧、愛情、勇気などを惜しみなく他者に与えることが、「持てる者の義務」なのではないかと思っています。

私はあまり自慢できるようなものを持っていないと自覚していますが、その微力さを求めて、いろいろなお願いをされることもあります。大学院博士後期課程に在籍していた頃の指導教官からは、「頼まれたことは全部引き受けなさ〜い。ハッハッハッ〜(笑)」とよく言われていました。自分の興味のあることだけをやっていたのでは、人間の幅が広がらないという意図がそこにはありました。自らの持てる物を提供することは、自らを成長させる契機にもなるのです。

ですので、お願いされたことはなるべく引き受けるようにしてきました。年齢を重ねるとともにだんだんキャパシティが狭くなってきたこともあり、お断りすることも増えてきましたが、「まあ、私の持っているものがお役に立つなら……」とお引き受けすることもしばしばです。

一人ひとり内面に持っているものは異なりますが、みなさんも持っているものが必ずあります。ぜひ、それを周りのみなさんに還元してあげてくださいね。そうすれば巡り巡ってきっと自分のもとに還ってきますから。情けは人のためならずです。

視点を変える

車を運転していると、「あれっ、新しい道ができたのね〜」と気づくことがあります。新しい道路ができることで遠回りすることなく、最短距離で移動できるようになり、便利さを実感する一方で、これまでそこにあった自然が破壊され、動物たちの住処をまた奪ってしまったという申し訳のなさをいつも感じています。人間にとって利益のあることが、動物たちにとっては命に関わる重大事態につながることもあります。

ここで、人間側の視点に立つのか、動物側の視点に立つのかで物の見方が変わります。仏教のいのちの教えの中に、いのちの悲しさがあります。私たちは他のいのちを奪ってしか生きられないいのちの悲しさを持っています。私たちがいのちを長らえるのにいただく食事はすべていのちあるものです。

金子みすゞさんの「大漁」という詩をご存知でしょうか？　人間側は浜で大漁だと祭りのように喜んでいるけれど、鰮《いわし》の側は海の中でたくさんの仲間の死の弔いをして悲しんでいるという対照的な光景を詩に読んでいます。これは、どこに、誰に、どのように視点を置くかによって、物の見方は変わってくることを示唆しています。

例えば、家族関係や対人関係で悩んでいるとしましょう。その場合、自分だけの視点で物事を見ていると、「どうしてわかってくれないの？」「なぜあなたはいつもそうなの？」と相手を責めてしまうことが多くなるかもしれません。一方で、相手の視点から物事を眺めてみると、違った景色や想いが見えてくることもあります。「何をしてほしいのかわからない」「私だって理解してほしい」と思い悩んで苦しんでいるかもしれません。また、二人の関係を上から俯瞰して見ると、さらに客観的にその関係性を捉えることができそうです。冷静に言葉にしてお互いの気持ちを伝えることができればわかり合うことができるのに。

精神科医であるサリヴァンの「関与しながらの観察」という言葉があります。元々は患者さんと生活をする中で見えてくることがあるという意味でしたが、現在では臨床場面において、カウンセラーにはクライエントの苦悩や葛藤に共感的に関わりながら、状況を客観的に観察する態度が必要であるという意味で使われることが多くなっています。この時の観察をする視点が、カウンセラー側、クライエント側、それから二人の相互交流を俯瞰して見る地点など、さまざまに視点を変えながら、クライエントに共感して傾聴することができるのがカウンセラーだと言われています。

人を理解することはとても難しいことですが、どこに、誰に、どのように視点を置くかによって、その理解の深さが変わってくることがありますので、自分の視点を意識しながら人と接してみると新たな発見があるかもしれませんね。

倒れたまま

みなさんは玄関から外に出る時に、右足から出ますか？　左足から出ますか？

私はそんなことを考えたことがありませんでしたが、ある二人の芸能人の女性が、このような会話をしているとネットで読んだことがあります。日常で繰り広げられる会話には、いろいろあるのだなあと感心したことを覚えています。

私はたぶん玄関から外へ出る時に、右足から出ます。それが本当かどうか確かめようとして意識しながら右足を出したら、何だかぎこちない感覚になりました。無意識にやっていたことを意識するようになると、違和感が生まれたりします。そうこうするうちに意識しすぎて、右足から出ないと気持ち悪くなってきて、それが儀式のようになり始めました。そうしないと何か悪いことが起きるような気になって、その観念が止められず、何度も何度も右足から玄関を出る動作を繰り返し行ってしまう……。そして、玄関から出られなくなり、疲れ切って外出もできなくなるという悪循環が起きる……。このような特徴を持つのが、強迫性障がいです。

これはあくまでも例えですので、私は強迫性障がいではありません。でも、このような症状を持っている人は一〜二パーセント（五十〜百人に一人）の割合でいます。きわめて強い不安感や不快感（強迫観念）をもち、それを打ち消すための行為（強迫行為）を繰り返すのです。

私が支援した学生のなかに、強迫性障がいの学生がいました。おまじないをしないと行動の切り換えができない特徴を持っていました。その学生は、カフカの『変身』という小説が好きでした。自らの症状を何とかしたいという変身願望が強かったのかもしれません。

このカフカですが、婚約者に向けて次のような手紙を書いていることが、頭木弘樹さんの『絶望名人カフカの人生論』（新潮社、2014）で紹介されています。「将来にむかって歩くことは、ぼくにはできません。将来にむかってつまずくこと、これはできます。いちばんうまくできるのは、倒れたままでいることです」なんというネガティブ！　絶望名人と言われるゆえんでしょうか。

私たちは誰もがネガティブな思考をします。世の中には、ネガティブは悪いことと捉える傾向があります。ネガティブはネガティブを呼び、悪循環を繰り返す傾向があるのかもしれません。でも、このネガティブはこの地球上に生まれた人間特有の感情のような気がしています。それならば、このネガティブも眺め回して楽しむぐらいの余裕があったほうが、より人間らしく生きられるのかもしれないな～と思ったりします。カフカのように倒れたままこの世を楽しんでもいいのだと思いますよ。

化粧

みなさんは化粧をしていますか？　今は性自認を問わず化粧をしている人たちがたくさんいますね。でも、私は化粧をしていません。いつもスッピンです。それを見かねて「化粧をしてみたらどうですか？」とアドバイスをしてくれた人がいて、チャレンジしてみました。少し濃いめに化粧をして、夜の蝶を目指してみましたが、夜の蝶になり損ねた蛾になったようです（笑）。

夜の蛾になってはみたものの、何だか自分らしくなく感じてしまい、一日で化粧をすることを断念し、もとのスッピンに戻りました。化粧をしなければ外に出られないという人もいるようですので、それが日常になってしまえば大丈夫なのかもしれませんが、どうにもこうにもファンデーションにヒビが入りそうで、ビクビクしてしまいます。スッピンでいると、家にいても、仕事をしていても、誰の前に行っても、いつでもどこでもこのままの自分でいられます。シミだらけシワだらけですけどね……。「いつでもどこでもありのままの自分でいられる」というのは幸せなことです。

「ありのまま」という言葉から、ある大学生のことを思い出しました。彼女は小さい頃から学校の休み時間に自分の席で一人本を読んでいることが好きな子どもでした。でも、周りからは「友だちがいないの？」「外で遊べば？」と言われたり、先生からはその様子を見て心配されたりしていたようです。そこから一人で本を読んでいてはダメなのだというメッセージを受け取り、自分を肯定できなくなったと言っていました。

学校の休み時間に一人で本を読んでいて何がいけないのかと思います。それが心地よいのなら、もしくはそれが自分を守る手段なら、そのままで構わないのに、こうでなければならないという価値観から、それがいけないことだと自分を責めてしまう、自分は欠陥があるのではないかと思わされてしまうことがあるのですね。

立場や状況は違えど、ありのままでいることを否定される経験は誰にでもあるのではないでしょうか。

例えば、親から愛されなかった子どもがいるとします。どうして自分は愛されないんだろう？　どうしたら愛してもらえるんだろう？　自分は愛されるに値しない子どもなのだろうか？　とありのままの自分を封印してしまうことがあります。ただ親と合わなかっただけなのに。そのままで十分愛される存在なのに。

例えば、離婚を経験している大人がいるとします。どうして離婚をしてしまったんだろう？　どうしたらうまくいったんだろう？　自分は家庭を持つ資格がないのだろうか？　結婚不適合者なのだろうか？　と自分を責めてしまう人がいます。ただ単に相手と合わなかっただけなのに。そのままの自分で十分なのに。

人がどのように思おうが、社会がどのようにジャッジしようが、あなたはそのままでいいのです。あなたの存在自体が十分愛される存在なのです。自分の面倒をみてあげられるのは自分しかいません。あなたを一番愛しているのはあなたです。だから、「あなたはそのままでいいよ～」とご自分に声をかけてあげてくださいね。あなたは愛されるに値する人なのですから。

性別

一つ前のテーマは「化粧」でした。今は男性も化粧をしていますので、それは性別による特権ではなくなりました。でも、性別という差は、厳然として社会に存在しています。それは、森喜朗さんの「女性がたくさん入っている理事会は時間がかかる」という発言で、マスコミやネットでさまざまな意見が交わされ、女性蔑視だという批判が高まっていることからも明らかです。

この発言は私に性別について考えるきっかけを与えてくれました。そして、女性として生まれ、女性として結婚し、女性として働いている私は、蔑視されている側なのだなあと改めて思い知らされました。

女性として結婚し、子どもを授かり、母親として子どもを育てていられることに対しては、人生のフルコースを味わっているように感じています。これは私の感じ方なので、結婚しない人生ももちろんフルコースだと思いますし、三十八歳まで独身だった私は、誰にも縛られずに余暇を過ごし、海外旅行に国内旅行、友人との食事などを謳歌していたことが懐かしく思い出されます。話を元に戻しましょう。結婚後、家事・育児をこなしながら、さまざまな制約の中で女性として働いてきましたが、蔑視されている感覚はあまりなく、自由に発言をしてきました。さらに、行政や民間の団体が組織する理事会や委員会などで構成員を務め、会長などの役職を担う機会も与えられています。だから、今回の発言に対しては少し鈍感なのかもしれません。

女性は母親の胎内にいる時に、口をパクパク動かしていると言われています。まるでおしゃべりの練習をしているようだと形容した研究者がいますが、女性は母親のお腹の中でも、誰かに向かっておしゃべりをしているのかもしれません。また、女性と男性の脳の特徴も若干異なるとされています。脳には右脳と左脳がありますが、その中心には両側の脳の行き来ができるような橋がかかっています。それは橋梁《きょうりょう》と名づけられていて、女性はその橋梁が男性よりも発達しているので、右脳と左脳の行き来が円滑にできるという説があります。ですから、空気を読んだり、人の気持ちを理解しやすかったりと、脳の循環が活発なのかもしれません。だからこそ、会議の中でもさまざまなことに気づくのでしょう。

それは自然にたくさん発言してしまいますよね（笑）。

つまり、「女性がたくさん入っている理事会は時間がかかる」のです。時間がかかってもいいじゃないですか？　女性ってそういうものよね〜、えっ？　今頃気づいたの？　と笑い飛ばすぐらいの世の中に早くなればいいのになあと、改めて性別について考えた森さんの発言でした。

老いるということ

一つ前のテーマで性別のことについて触れましたが、どうして世の中は性別や年齢に固執するのでしょうか。性別や年齢は私たちの一部の持ち物にしか過ぎず、人間の本質ではありません。

性別は生まれる時に自ら選択することはできませんし、年を重ねることも自ら辞退することはできません。これらは私たち人間の属性の一つであり、宿命でもあります。みなさんが同様に持っている性別や年齢について、とやかく言う必要はないような気がします。いつまで性差別や年齢差別をしているのでしょうか。目に見えるわかりやすい持ち物に私たちは翻弄され過ぎているのかもしれませんよ。

年齢について言えば、私の師匠と呼べるような人たちは、いわゆる高齢者にあたる人たちです。被害者支援の師匠は八十一歳、心理療法の師匠は八十歳、大学経営の師匠は七十一歳です。年齢だけ書けば確かに高齢者ですが、中身はまったく違います。現役バリバリの熟達者で、持てる知識と経験は想像を遙かに超えています。太刀打ちができません。だからこそ、師匠たちは若い人たちに持てるものを与え続けているのです。人生一〇〇年時代と言われているこの社会では、このような高齢者が活躍するのは当然のことだと思っています。そういえば、私が着物の着付けを習っていた先生は九十二歳まで現役でした。私は着付けの講師の資格を持っていますが、その先生のように九十二歳まで着付けを教えられたらと思って資格を取りました。

河合隼雄さんの『「老いる」とはどういうことか』（講談社、１９９７）という本の中には、インディアンの老人たちが、ヨーロッパの老人たちとは比べものにならない「悠然とした落ち着き」と「気品」を備えているというユングの気づきが紹介されています。インディアンは自分たちの宗教的儀式が太陽の日毎の出没を助けていると確信しているらしいのです。つまり自分たちの存在自体が、太陽や地球全体の循環のために必要であるというのです。まさに「宇宙論的意味」を感じます。

何だか怪しい話になってきましたが……年齢を重ねることは宇宙論的な真理に近づいていく過程なのではないかと思うことがあります。事実、私は現在五十五歳で、上記の師匠たちと比べれば、まだまだひよっこですが、自分の使命を宇宙論的に俯瞰して眺められるようになってきたような気がしています。仏教で言うところの輪廻転生を繰り返しながら、自分が今世に生まれてきた使命を改めて問い、この宇宙の循環の中に存在する意味を知ることが、老いるということなのではないかと考え始めた次第です。そして、この世に生を享けたことに感謝し、命ある限り持てるものを周囲に還元し続けながら、いずれは自然《じねん》に還っていくことを楽しみにしています。

あるがまま

今朝の散歩でオレンジ色の蝶を見ました。キタテハでしょうか。オレンジ色などの明るい蝶は、運命の出会いを暗示しているようです。そして、自由にありのままに行動しなさいというメッセージもあるようです。最高の人生を生きるというのは、好きなことや楽しいことをしながら、あるがままの自分を表現することですね。誰かの犠牲になってはいませんか？　まずは、ありのままの自分を大切にしてあげてください。それが人の幸せにもつながります。

〝ありのまま〟という言葉から、アメリカの臨床心理学者のマイケル・ヴィンセント・ミラーが「愛を失うか、それとも自己を失うか」という表現を使っていたことを思い出しました。これは、親が子どもを良い行動や社会的に認められる成功へと導くために、条件付きの限りある愛を権力的に行使することが背景となっています。そして、子どもは親から見捨てられることを恐れて、親が求める「良い子」を目指すのです。「良い子」というのは親の期待どおりの姿なので、本来のありのままの自己を子どもは手放していくことになります。ですから「愛を失うか、それとも自己を失うか」という表現になるのですね。

これは親子関係だけでなく、夫婦関係でも言えることで、家族という関係性の中ではよく見られることです。家族は支配と競争と摩擦を生むものという考え方がありますが、相手をコントロールしようとすることは、すべてが条件付きの支配です。あなたが私の言うとおりになれば、あなたを愛してあげましょうという支配です。

人は人を支配できません。誰も人のいのちを所有することはできないのです。相手を制限することなく、ありのまま愛することが無条件の愛なのだと思います。そうすれば「愛も自己も得られる」のです。そんな愛が、子どもを育てるときには必要になります。人はあるがままの姿が完璧であって、これがユングの言う全き存在なのだと思います。あなたがそこにいてくれるだけでいい。あなたの存在自体が尊いのです。

みなさんが、蝶のようにこの青空のもとで、今日一日を楽しく笑顔で過ごせるようにお祈りしています。

普通ってな〜に？

「アンコンシャス・バイアス」という言葉を聞いたことはありますか？　これは、無意識の思い込み、無意識の偏ったものの見方、無意識の偏見など、さまざまな言葉で表現されている概念です。私はこの言葉を、このテーマの研修を受ける人から教えてもらいました。でも、よくよく考えてみると心理学では古くから扱われていた概念だなあと家に帰ってから気づきました（遅っ！）。

これは、自分では気づかないまま心の中に持っている偏った見方、考え方、根拠のない思い込み、先入観・固定概念などです。「今どきの若い者は」とか「やはり女性には無理な仕事だったか」といった言葉の裏には、アンコンシャス・バイアスが存在していると考えられます。最近ではビジネスシーンで注目されているようで、女性管理職、外国籍の人材、非正規社員、短時間労働者、ノマドワーカー、高齢者の再雇用、ＬＧＢＴＱ＋などの、労働者の働き方や属性が多様化し、ダイバーシティが加速していることが背景にあります。

このダイバーシティを実現し、差別・格差・不平等を撤廃するために、対処しなくてはならないのが「アンコンシャス・バイアス」だということです。

そういえば、私は女性管理職だったし、先日外国籍の発達障がい児支援の研修を実施したばかりだし、今はフリーランスなので非正規でノマドワーカーだし、幼なじみはLGBTQ+の中の一つだなあと思い当たりました。私って、アンコンシャス・バイアスとかなり密接な生活を送っています。子育て支援も、障がい者支援も、外国籍の子ども支援も、女性支援も、被害者支援も行っているし、カウンセリングに来てくれる人も多種多様……。

私が被害者支援の研修会講師をするときは、「みなさんは被害者には何か落ち度があるから被害に遭ったと思っていませんか？　私は清く正しく生きているから被害者になんてならないと思っていませんか？」と受講者に問いかけています。また、先日の外国籍の発達障がい児支援の通訳研修の際には、「みなさんの通訳される言葉には、障がいに対するみなさんの価値観が乗っていきます。だから、ご自分の障がいに対する考え方を今一度見直してみてください」とお話ししたばかりです。これは、まさしくアンコンシャス・バイアスでした。

この考え方の背景には、〝普通〟という概念が潜んでいます。日本人に強いこの〝普通〟という価値観は、みなさんが想像する以上に私たちの心を巣食っています。例えば「普通は被害になんて遭わないわよねえ」とか「障がいは普通じゃないよねえ」という具合にです。アンコンシャス・バイアスを扱うときには、〝普通〟って一体、何だろう？とご自分にまず問いかける必要があると思っています。

「目の前にいる人は一人ひとり違う。だから〝普通〟なんて存在しない。ただ、大多数という概念が存在するだけ。別に大多数に入る必要なんてないのです。一人ひとり違うのだから。それに何が良いとか悪いとか仕分けする権利なんて私たちにはないと思います。目の前にいる人を、ありのままそのまま受け入れれば、それで十分なのだから」といつも私は独り言ちています。

これでよい

カウンセリングをしていると、「自分はダメなんです」と言う人によく出会います。「どうしてダメだと思うのですか？」と質問すると、自分のダメなところをたくさん教えてくださいます。まあ、出るわ出るわ、ダメなところのオンパレードです。よくそれほど多くのダメなところに気づくことができるなあと感心するほどです。

私にもダメなところはたくさんあります。先日、ある支援者から「私は仲先生の抜け感が好きです」と言われましたが、まあ抜けていることは数知れず……。この前は箸立てに鉛筆が立ててあったり、お昼のお弁当を持参したことをすっかり忘れてお昼にパンを買いに行ったり……。そんな時はいつも、まあ仕方ないわよね〜、これが自分だからこれでいいのよね〜、こんなものよね〜と思っています。

でも、「これでよい（good enough）」と思えない人がいます。「これでよい」という感覚は、自己受容（self-acceptance）とよばれています。この自己受容に必要なのは、自己をそのまま知覚したことに伴う安心感や幸福感であり、存在する自己への温かな気持ちです。「自分」が「存在」することをあるがままに受け入れ、肯定することです。一方、この「これでよい」と自分自身を受容する感覚を持つことができないと、「自分はダメなんです」と自分を責め続ける場合があります。

そして、この自己受容的な感覚に根ざした評価感情として、自尊感情（self-esteem）が挙げられます。自尊感情とは、自分自身を自ら価値のあるものとして感じることができることです。この自尊感情も、他者と比較して「とてもよい（very good）」と優越性を感じる自尊感情と、自らの基準に照らして「これでよい」と自分を受容する自尊感情の2つの意味合いがあるとされています。

「自分はダメなんです」と言う場合には、「これでよい」という感覚よりも、「とてもよい」という他者と比較して自分が劣っている感覚が強い場合に起こりやすい感情だと考えられます。そうすると、どのような理想像と比較して、「自分はダメなんです」と言っているのかを明確にする必要があります。その理想像が高ければ高いほど、「自分はダメなんです」と思いがちになります。だって、今の自分と理想の自分の開きが大きいほど、ダメなことに気づきやすくなりますから。それは、出るわ出るわ……となってしまうのですね。

逆に今の自分と理想の自分の開きが小さくて、自分自身に対して素朴に好意を抱いていたほうが心地よく過ごすことができるわけです。いわゆる、これが本来感（sense of authenticity）という自分らしさです。「これでよい」と感じて自分らしくいられることが、自尊感情を保ちながら生きていくことにつながるのですね。ダメでもいいじゃないですか～。まあ、こんなものですわ～と自分自身に温かな感情を向けて、笑いながら生きていけたらそれで十分なのだと思います。自分に優しくしてあげてくださいね。

世界そのもの

先日、カウンセリングの中で「私は価値のない人間です」と言った人がいました。これまでの育ちの中で、誰からも大切にされた経験がないとこのように言う人がいます。「親から怒られる時は自分を消していました。友だちからいじめられた時も、これは自分じゃないと自分に言い聞かせていました。誰も私なんていなくていいと思っているんです。だから、死にたい。ラクになりたい」と。

ある日、その人が「生まれて初めて、私を大切にしてくれる人と出会いました。私を心から愛してくれています。でも、私は愛されるに値する人間なのでしょうか？」と問うてきました。

あなたは、愛されるに値する大切な存在なのですよ。

You mean the world to me.（私にとってあなたは世界そのもの）

私はこの言葉が好きです。

アメリカの心理学者であるロジャーズは、カウンセリングで援助を求めている人は、かけがえのない個人を生きているクライエントであること、そしてカウンセラーはその個人の価値と意義を尊重し、人は誰でも自己実現をする力を持っていると信じる人間観と基本的態度を持っていることが必要であると述べています。

そう、私たちは一人ひとりかけがえのない大切な存在です。

ドクター・スースの名言があります。

To the world you may be one person; but to one person you may be the world.（この世界にとって、あなたはただの一人の人間かもしれない。でもある人にとっては、あなたは世界そのものかもしれないんだよ）

あなたは世界そのものだと、ありのままのあなたを愛してくれる人と出会うことで、あなたの人生が変わることがあります。本来はいのちそのものに価値があるのですが、愛されることで、あ～自分って大切な存在なんだなあと改めて実感することができたりします。

愛の力は絶大です。ぜひ、みなさんも周りの人たちを愛してあげてくださいね。

「そうなのね〜」でご機嫌さん

みなさんは毎日を機嫌よく過ごせていますか?

私は結構ご機嫌さんで毎日を過ごしています。

人生はしんどいことも多いですが、「あ〜、そうなのね〜。そんなこともあるわよね〜」なんて、目の前に現れた出来事を眺め回しながらありのまま受けとめて、それなりにご機嫌さんにしています。

でも、これがなかなか難しいと言う人もいます。日々仕事で成長している実感はあっても、どこか満足できない気持ちを抱えながら、自分の感情に振り回されているという相談を受ける場合もあります。

そこで今回は、どうやってご機嫌さんに仕事をするかということについてお話ししたいと思います。

私たちは仕事をする時に、時間と精神的なエネルギーだけでなく、無意識のうちに自尊心を注ぎ込んでいます。仕事に対して大きな望みを抱き、自分ってこんなにすごいのよ！と自慢したい、周囲の人から認められたいという承認欲求を持っています。でも、現実はその期待と実際に抱く感情との間にズレが生じることが多々あります。そして、目標が高ければ高いほど、そこになかなか到達できない不全感が生じ、「どうしてこんなにがんばっているのに、誰も私のことをわかってくれないの？」と当たり散らしたりする人を見かけることもありますね。

そうするとネガティブな感情が炸裂します。その時に悲しみや落胆、怒りなどのネガティブな感情を封じ込めようとすると、余計にそうした気持ちが高まったりします。ネガティブな感情はネガティブな結果を生み、それが負のスパイラルとして循環することもあります。この負のスパイラルを断ち切ることが難しい人もいます。

トロント大学准教授のブレッド・フォード氏は『The psychological health benefits of accepting negative emotions and thoughts: Laboratory, diary, and longitudinal evidence』(Brett Q Ford et al. J Pers Soc Psychol. 2018) にて「何かに対してネガティブな反応を自分の感情が示したとき、それをどう受け止めるかが非常に大事です。こうした感情に善悪

のレッテルを貼ったり、ネガティブな感情を変えようとしたりせずにそのまま受け入れる人は、ストレスにもよりうまく対応しています」と説明しています。

感情に左右されることはしんどいと言う人もいますが、さまざまな感情を味わいながら、善悪の判断をせず、「あ〜、そうなのね〜」とありのままを受け止めてみると、少しご機嫌さんでいられるかもしれません。そして、目の前にある問題に対して対処法や解決策を具体的に検討して、できることは優先順位をつけてやってみる、でも、どうにもならないことや自分ではコントロールできないことは手放すということができれば、さらにご機嫌さんに仕事に取り組めるかもしれません。一度、試してみてください。

レインボー

先日、十年ぶりに東京の友人から連絡がありました。二十代の時に同じ会社で働いていたＬＧＢＴＱにあたる友人です。彼から久しぶりに連絡が来てすぐに、二十七年前のことを思い出しました。ある日彼から「仲さん、実は僕ゲイなんです」と突然カミングアウトされて、「へぇ〜」と何事もなかったかのように聞き流したら、「どうして驚いてくれないんですか？」と逆にがっかりされたのです。

なぜ驚かなかったかというと、今から三十五年前にも同じようなことがあったからです。その時もある日突然幼なじみから「りっちゃん、私な、女性が好きなんさ」とカミングアウトされて、「へぇ〜、そうなんだ〜」と答えたことがありました。私はその彼女のタイプではなかったようで、口説かれることはありませんでしたが（ちょっとホッとしました）、彼女は既婚の女性を略奪し、離婚させてしまいました。あれは彼女が高校生の頃の話だったと記憶しています。

そんなこんなで、私の周りには三十五年前からＬＧＢＴＱの人たちが当たり前のように存在していました。だから突然カミングアウトをされても驚くことはなかったし、ＬＧＢＴＱのお話を聞くことが最近多くなった気がしますが、私にとっては昔から普通にあることなのです。

大学の教員だった頃は、研究室に恋愛の相談に来る学生たちがいましたが、その時はごく稀に「あなたは男性が好きなの？　女性が好きなの？　それとも両方好きなの？」と質問することもありました。もちろん誰を好きになっても構わないのですが、それを確認しないとアドバイスの中身が的外れになる可能性があるからです。そうすると「先生おもしろいな〜」と笑う学生もいました。

ＬＧＢＴＱは性的指向・性自認の違いです。そして私たちはどのような性を選ぼうが自由です。自分のからだもこころも自分のものなので、異性を好きになっても同性を好きになっても構わないのです。そうするとジェンダーにこだわらず、ただ人が人を好きになるだけの話なのだろうなあと思います。人を好きになるのに誰かの許可は必要ありませんね。自分のこころのおもむくままに人を好きになればいいのです。

冒頭の彼のInstagramを見ました。キラキラしたステキなゲイの世界が繰り広げられていました。そういえば、二十七年前に「東京レズビアン・ゲイ・パレード」に参加したことがありました。今では東京レインボープライドという名称になっています。私って結構時代の最先端にいることが多かったりして（笑）。

遠くを見よ

私は日々の記録ノートをつけているのですが、十年前のノートを開いてみたら、私がある高校で行った授業のために書いたプロットを見つけたのでご紹介したいと思います。授業の計画をたてる時にはまずTake Home Messageという家に持ち帰ってほしいテーマを考えるようにしています。その授業のTake Home Messageは、「自分のことだけを考えるな。遠くを見よ！」です。

みなさんは、一九九六年の八月八日に、ヒグマに襲われて亡くなった星野道夫さんという写真家・探検家がいることを知っていますか？

星野道夫さんは高校時代山が好きで、いろいろな日本の山を登っていたのですが、特に北海道に憧れていました。学校に行っているこの瞬間にも、北海道ではヒグマがどこかで生きているという事実がとても不思議だったそうです。

彼は大学に入ると、夏は三十度、冬はマイナス六十度にもなるアラスカに行ってみたいと思って、毎日写真集を見ていました。その中にとても気になる写真があって、それがシシュマレフという海岸エスキモーの村で、そこにどうしても行きたくなりました。

星野さんはどうしたと思いますか？　村長に手紙を書きました。宛先はメイヤー（村長）、シシュマレフ、アラスカ、ＵＳＡ、「あなたの村に行ってみたいから、世話をしてくれる人はいないだろうか？」って。

そうしたら半年ぐらいたって返事が来ました。その村のある家族から「いつでも来なさい」って。それで十九歳の夏に三か月ほど星野さんはシシュマレフに行きました。そこから星野さんとアラスカの関わりが始まって、二十年近くアラスカに住むことになったのです。不思議なご縁ですね。最後は取材で訪れたロシアのカムチャッカで、ヒグマに襲われて亡くなってしまうのですが……。

星野さんは、「すべてのものに同じ時間が流れていることが不思議だった」と生前話していました。例えば、今私たちはエアコンの効いた部屋でお話をしていますが、この瞬間アラスカの海ではクジラがジャンプして、ヒグマが鮭を食べ、オオカミが歩いているかもしれません。

みんな自分のことを考えるだけで精一杯かもしれないけれど、アランという人は「自分のことを考えるな。遠くを見よ！」と言っています。今この瞬間の自分も大切だけれど、地球上のすべての人や動物・自然に同じ時間が流れていて、世界のいろいろなところで、さまざまなことが起きているということに思いをはせることで、星野さんのような豊かな人生を送ることができるということも知っておいてもらえたらと思います。

このようなプロットを考えて、高校生たちに授業を行いました。あれから十年という時を経て、東京都写真美術館で開催された写真展「星野道夫 悠久の時を旅する」を見ることができました。星野さんが大切にしていた写真集や村長に宛てた手紙、そしてシシュマレフの家族からの返事も展示されていました。アラスカの動物や自然への愛を感じることができる写真たちをこの目で見ることができ、十年前の私の思いが繋がったような気がしました。

素の自分に幻滅するとき

カウンセリングの中で「私と関わる人は幸せになれないんです」と言う人がいます。その理由を尋ねると「素の自分を見せると相手が幻滅して、それでケンカになってしまい、相手を傷つけてしまうんです」ということでした。

素の自分というのは、ありのままの自分ということです。そこに存在するあるがままの自分を見せると幻滅されてしまうのですね。それまでの関係性の中で自分を良く見せようと努力してきたのかもしれません。

私は第三者からとてもしっかりしているように見られます。でも、ありのままの自分は天然ボケのポンコツで、ゴロゴロ寝てばかりいる怠け者です。思っていることをすぐに口にするし、ネガポジ思考は拮抗しています。

あなたはどうですか？　やんちゃで、落ち着きがなく、自分の興味のあることには周りが気にならなくなるぐらい集中して、自分の時間を大切にしたいがゆえに、相手のことをないがしろにすることもあったりしますか？　細かいことにこだわったり、こうでなければ気が済まないという相手に譲れない頑固さもあったりして……。

人はさまざまです。私もこのままでいいし、あなたもそのままでいいのです。そこに存在するあるがままの自分でいてください。

私たちは誰かと共にいるときに、最初は磁石のように惹かれ合い一緒にいますが、時の経過とともにそれぞれの成長の質やスピードは変化します。それぞれがいるステージが変わったり、価値観が合わなくなったりします。それをうまく調整できる時もありますが、できない時もあります。

できない時は別れてしまうこともあるでしょう。でもね、それはお互いの幸せのための別れです。不幸になるための別れではありません。だって、合わない人と一緒にいることのほうが不幸です。だから別れることは幸せになるために必要なことなのですよ。手放すことの幸せがこの世にはあります。

だから、「私と関わる人は幸せになれないんです」と言わないでください。その人はあなたと関わったことで、別の幸せがあるという学びができたのです。そしてあなたは幸せになるために新たな出会いを見つけることができるのです。それを求めるのが真実の愛なのだと思います。真実の愛を求めることを恐れないでください。

私たちは幸せになるために生まれてきました。あなたを一番に大切にしてくれる人を心から愛してください。そして愛と調和の世界で生きることを望んでください。望むことでその世界を引き寄せることができます。自分が幸せになることをあきらめないでください。

ブッタの言葉

「職場にとても嫌な人がいるんです。いつも自分ばかり攻撃してきます。悔しいから職場の人たちと悪口を言い合っています」とか、「家にいるのが苦痛なんです。やることなすこと文句を言われて。お互いに罵り合ったりしています」などの愚痴を聞くのは珍しいことではありません。嫌な相手から攻撃されると腹が立ちますね。それは自然な感情です。

そんな時は、ブッダの二つの言葉を思い出します。

「嫌な相手や敵からの仕打ちがどれほどでも、邪な心がもたらす害にはおよばない」

怒りの感情が表れるのは当然のことで、そういう感情が自分の中にあるのだな〜という思いは、そのまま受け入れればいいのだと思います。

問題はそこからです。どうしても、嫌な相手からの仕打ちに対抗しようとしてしまいがちです。人は恨みを持つ相手に対して想像できないほどの仕返しをしてしまうことがあります。相手を傷つけようという意思を持ってそれを実行してしまうということは、自分の心に生まれる邪な心を育ててしまうことになります。そして、その邪な心が自分を滅ぼしてしまうことさえあるのです。

そんな時はもう一つのブッダの言葉「悪い友と一緒にいるな、卑しい人と交わるな、善い友と一緒にいよ、尊い人と交われ」が頭に浮かびます。その場から離れましょう。その人から離れましょう。そして、自分の心を守りましょう。

自省を忘れず、分かち合う心を持った、愛ある人と共に過ごすことで、あなた自身が安らかで穏やかな人生を生きることができます。そうすることで、あなたがこの人生を生きる意味を見出し、本来の自分自身とつながりながら、成長していくことができるでしょう。

あなたの大切な人生を、嫌な相手に支配されないように心がけてください。あなた自身が毎日をご機嫌さんで生活できるように、自分自身を守ってください。そして、できるだけ楽しいことを考えてワクワクドキドキしながら想像を膨らませてみてくださいね。

手をつなぐ

手のひらには痛みを癒す力があることを、私たちは本能的に知っています。だからこそ、人は痛みを覚えたときに、反射的に手を当てていますね。病人を手当てするということは、もともとは痛みを抱える人の患部に手を当てることで痛みを取るということに由来しています。

やはり手には力があるようです。Mr.マリックが「ハンドパワー」と言って、両手をかざす姿が頭をよぎりました。私も「ハンドパワー」と言えば超魔術が使えるようになるでしょうか？　あ〜、魔法を使ってみたい（笑）。

手に力があるということは、手と手をつなぐという行為にも、さまざまな効果があることがうかがわれます。ちなみに私は手をつなぐことが大好きです。それはなぜかというと、手をつなぐと何だか安心するからです。これは幸せホルモンと呼ばれているオキシトシンと関係しているようです。

手をつなぐとオキシトシンが分泌されます。心理的な絆やつながりが生まれ、信頼関係が構築され、そして共感性が高まります。さらに、身体的・心理的な痛みを緩和することもでき、癒され幸せになれるのです。肌と肌の触れあいによって、お互いの温度を確かめ合い、エネルギー交換ができるからでしょうか。

その他にも、心理学者のベッキー・スペルマンは「手は体で最も敏感な部分の一つであり、手をつなぐと、お互いの感情や欲求に対して、より精巧に波長を合わせられる」「手をつないでいる二人が情熱やお互いを深く思いやる心を持って、強くつながっていることの象徴」であると述べています。

手をつなぐことはお互いの呼吸をシンクロさせ、魂をつなぎ合わせ、感情を伝え合うことです。だからこそ、性別や年齢に関係なく、大切な人と手をつなぐことは特別な意味を持ち本当に幸せな気持ちを感じることができるのです。

酔っ払って自力で立つことができなくなった時に、介抱してもらうように手をつないでもらったこともありましたが、そんな時でもその思いやりの心に温かい気持ちになりました。どんな時でも手をつなぐことは嬉しいことです。また今度、手をつなぎましょうね。

イッツ オーケー（It's OK.）

アメリカズ・ゴット・タレントという番組に出場したシンガー・ソングライターのナイトバードという女性を知っていますか？　がん闘病中に「イッツ オーケー」というオリジナル曲を歌い、ゴールデン・ブザーを獲得しました。その後、準決勝を体調悪化のため辞退し、この世を去りました。生存確率二パーセントだと宣告されながら、「イッツ オーケー みんな迷いながら進んでる」という言葉とその姿を鮮明に私たちに残してくれました。死とともにありながら、これでよいのだと。生きることも日常、死ぬことも日常、死を目の前にすると混乱してしまうかもしれないけれど、どんなときでも幸せになることをあきらめないでというメッセージを私は彼女から受け取りました。

そう、私たちは人生を迷いながら進んでいます。恐れや不安に押しつぶされそうになりながら。それでよいのです。みんなそうなのだから。だから大丈夫。イッツ オーケー。前を向いて笑顔で歩いていきましょう。

老いとわがまま

仏教では人生における免れない四つの苦悩に生老病死があると言われています。生まれること、老いること、病むこと、死ぬことの四つの苦しみです。この中で私がこれまで経験したことがないのは死ぬことですが、誰もがいつかは必ず死にますから、私も百パーセントの確率で死に至ります。そして死がどんどん近づいてきているからこそ、今を精一杯生きていられるような気もしています。

私たちが生まれる時には「おめでとう」と祝福され、毎年来るお誕生日も「おめでとう」と祝ってもらえます。生まれると同時に私たちは老いや死に向かっているわけですから、生まれることと老いや死はある意味セットです。それなら老いや死という運命も祝福されるべきものなのかもしれませんね。

『子連れ狼』の作者である小池一夫さんは「老い」について次のように述べています。

「年を取ることは〝進化〟です。若い人には絶対得られない経験と知識を持っているわけで、それに自信を持って〝上手に若さを卒業〟していかないと。そのためには若いうちから〝やりたいことをやる〟ことです。好きな人がいれば好きと言い、行きたいところは行き、やりたいことがあればやる。本当にカッコいい人は、つらい、苦しいといった泣き言を言わない。余計な愚痴を言わないカッコよさは、きっと世界共通なんだと思いますね」

生老病死というつらく苦しいことが目の前に迫ってきていたとしても、余計な愚痴を言わず、やりたいことをやることが、人生の仕上げに入った老いた者のカッコよさなのかもしれません。自分らしくやりたいことをやる。好きな人には好きと言う。行きたいところには行く。まさにこころのおもむくままに、思うように生きるのです。このような生き方は一見わがままなように思われるかもしれませんが、進化した老人はもう周囲のことなど気にしなくていいような気がします。わがままＯＫ！　いくつになってもカッコよく生きていらしてくださいね。

やばい老人

さだまさしさんが『やばい老人になろう　やんちゃでちょうどいい』（PHP研究所、2017）というタイトルの本を出版したというネットニュースを見ました。おもしろそう！と思って記事を見てみたら、やばい老人の三つの要素が紹介されていました。

その一　知識が豊富
その二　どんな痛みも共有してくれる
その三　何かひとつスゴイものを持っている

ふ～ん、なるほど～。この三つの要素がやばい老人なのか～と思って、私の周りの老人たちの顔を思い浮かべたら、結構やばい老人が私の周りにはたくさんいることに気がつきました。このやばい老人たちは、好奇心旺盛でじっとしていない人たちです。気になることがあるとわざわざ出かけて行ったり、調べまくったり、とにかく何でもよくご存知なのです。ある精神科医は「私は多動傾向が強いのよ」と言うほど、ある会社役員は「マグロみたいなものですよ」と言うほど、ちゃかちゃかせかせか動き回っています。

やばい老人たちは想像どおりのクセの強さも持っていますが、とにかく優しいのです。経験が豊富ということもあるのでしょうが、人の痛みもよく理解しています。その割にはシャイなところも持ち合わせているので、「泣いても何も変わらないじゃないですか」とはぐらかすこともあったりして。そこが何とも温かいのです。

最後の何かひとつスゴイものを持っているのは、まさにそのとおりで、やばい老人たちはとにかくスゴイ！　一芸にも二芸にも秀でている人たちで、「この人にはかなわない」と降参してしまうほどの能力を持っています。さすが老人！　と思うほどの老練ぶりを見せつけてくれることも多々あります。

この私の周りのやばい老人たちは、さらにやんちゃなところがあります。いつまでも恋をしていたり、ワクチン接種をした日にアルコールを嗜んでいたり、コロナ禍の中ちゃっかり旅行していたり……。かわいいやんちゃですが、人生を謳歌しているところがステキなのですね。

私もやんちゃなやばい老人を目指そうと思います。たぶん目指さなくても、自然にそうなりそうな予感がしますが……(笑)。

第六章

あなたに合った方法で

応援がほしいとき

みなさんはカウンセリングについてどのようなイメージをお持ちですか？

「心の弱い人が受けるもの」「話を聞いてくれるだけ」「敷居が高そう」「効果がなさそう」「何だか暗そう」など、さまざまなイメージをお持ちなのではないかと思います。

カウンセリングは、カウンセラーとの対話を通じて自分の抱える悩みやつらさの解決を目指すプロセスのことです。

人は生きていく上でさまざまな悩みを抱えます。そうすると、すべての人がカウンセリングの対象になります。ただ、悩みがあっても、家族や友だちに相談したり、自分自身で解決したりしながら、日常生活に適応できている人は、カウンセリングは必要ないのですね。

一方で、相談できる人がいなかったり、自分自身で解決できなかったり、悩みが深刻だったり、何だか理由がわからないけれど生きづらかったりして、日常生活が円滑に送れなくなるとさらに悩みは深くなったりします。

そんな時は、誰かに話を聞いてほしい、別の視点からのアドバイスがほしい、一緒に困りごとの整理をしてほしい、悩みに立ち向かうために応援してほしいなどと感じることがありますね。第三者の存在が必要になることがあるのです。その時がカウンセラーの出番です。

カウンセラーは、みなさんのお話を真摯にお聴きすることが基本的な姿勢です。あなたの気持ちを丁寧に受けとめます。そのプロセスを重ねていくと、カウンセラーのようにあなたがあなた自身の気持ちを丁寧に受けとめられるようになり、自分自身で悩みに対処できるようになる……というのがカウンセリングの効果なのではないかと思っています。

精神科医の山中康裕さんは、『臨床心理とは何か――精神科医の立場から考える』（創元社、2003）にて私たちの生きる根源にある尊厳を守り、その存在に徹底的に心のエネルギーを送り続けることが心理療法家の在り方だと言っていますが、カウンセラーはみなさんの心にエネルギーを送り続けることが仕事なのかもしれませんね。私たちが送るエネルギーで悩みに対処できる力を育んでもらえたらと思います。

身体表現

散歩中に「どうしてあの人と知り合いだったんだろう?」とふと頭をよぎる人がいます。それは、八年前にお亡くなりになった舞踏集団「山海塾」の創立メンバーの滑川《なめりかわ》五郎さんです。世界を舞台にして活躍した日本のダンサーで、滑川さんと知り合ったのは彼がニューヨーク公演を終えたばかりの頃だったような記憶があります。白塗りで表現する独特な世界観、からだから溢れ出る柔らかな凄みには圧倒的な力がありました。滑川さんが、活動の拠点を宇都宮の大谷採石場に移した時には、私も伺ったことがあり、その神殿のようなスケール感に言葉を失いました。二～三年ほど交流がありましたが、どうして知り合ったのか覚えていないという……。

彼は、「ほぐし」「呼吸」「基本動作」「コズミックイメージ」「感覚的イメージ」「波動伝達」「音体動作」「緊張・脱力」「宙腰」「意識の糸」「イメージの変容」「イメージの合成」の十二の行程から神経の行き届いた調和のとれた身体表現を行うワークショップも行っていました。

私たちは動物としてのからだを持っています。赤ちゃんの時は、快・不快の感覚しかなく、それをからだや泣き声で表現する方法しか持っていません。それが成長するにつれて、言葉を話し、知識や理性で身体の感覚をコントロールするようになっていきます。だんだんからだ自体が発する声よりも、知性の声にしたがっていくというイメージでしょうか。

からだには、空間内に位置づけられる「外的なからだ」と身体内部の生理状態を表す「内的なからだ」があり、不安や抑うつ、摂食障害などの感情関連の精神病理においては「内的なからだ」の変調が関係していると言われています。からだと感情が一致しない場合において、何らかの捻れや歪みが生じてくるのかもしれません。

自分の感情や感覚的なイメージを、からだで表現してみることで、神経の行き届いた調和のとれたからだの状態を保つことができるような気がします。一度、平穏なこころの状態で、ご自身のからだの声に耳を傾けてみてはいかがでしょうか。

ストレスコーピング

今日はストレスについてお話ししたいと思います。私たちはストレスを感じると、脳の中の扁桃体《へんとうたい》が反応し、コルチゾールなどのストレスホルモンを放出します。例えば草原で人間がライオンに遭遇したときに、逃げるか闘うかを選択しなければならなくなります。その際にストレスホルモンはすぐに動くことができるような戦闘態勢をからだの中に作る働きをします。そして、ライオンとの危険が回避されれば、そのホルモンは放出を止め、通常の平穏なからだの状態に戻ります。

現在ライオンは町中にいませんのでストレスにはなりません、当たり前ですが（笑）。現代社会のストレスは、テキスト情報等に誘発される過去の記憶や未来の想像などのマインドワンダリングというあれこれ考えることだと言われています。スマホを常に手放せず、メールやSNSなどのやりとりを常に行い、情報検索をすることで、意識が過去に行ったり、未来に行ったりして、慢性的な心の迷走が、コルチゾールを出し続けることにつながるのです。心が休まりませんね。

では、どうすればいいのか。それは〝目の前のことを考える〟、つまり〝今を生きる〟ことが大切なのですね。自分の中心がどこかを意識し、過去や未来に持って行かれそうになった時には、自分の中心に立ち返り、今を生きることに専念してもらえればと思います。そうすれば少しこころがラクになるかもしれません。

でも、やはりストレスからは逃れられない現実があります。その時は、ストレス対処法（コーピング）をなるべく多くリストアップしてみましょう。ビールを飲む、温泉に入る、筋トレをする、瞑想をする、ラーメンを食べる、散歩をする、カラオケをする、友だちと話すなどなど、思いつく限りの対処法を書き出します。そして、それを試してみてください。

扁桃体がストレスを感じ、ストレスホルモンを出すことは、車でいうアクセルに当たります。それに対して、「そんなに不安を感じることはないよ〜。心地よいことをしてリラックスしよ〜。ほら、こんなにリラックスできたね〜」と脳の前頭葉が扁桃体をなだめます。車でいうブレーキの役割です。これらをうまく機能させることができれば、前頭葉がストレスをコントロールして心身共に回復させることができるようになります。

このようなメカニズムを前提に、認知行動療法を行っていくのですね。コルチゾールは一定量を超えると、脳や内臓にダメージを与えるとも言われていますので、ぜひ、今を生きることを意識しながら、自分に合うストレス対処法を見つけ、心身共に健康に過ごせるように心がけてください。

もしもウサギにコーチがいたら

十八年前に出版された伊藤守さんの『もしもウサギにコーチがいたら――「視点」を変える53の方法』（大和書房、２００２）という本はおもしろい本でした。イソップ物語のウサギとカメのお話はみなさんご存知だと思いますが、もしもウサギにコーチがいたら、ウサギの運命は変わっていたかもしれないという視点で書かれたものでした。

このコーチが行うコーチングとは、一人ひとりの目標やテーマに対して、誰かが一方的に解決法を教えるのではなく、目標やテーマを持つ者とコーチが双方向からアイデアを出し合い、検討していくやり方です。もともとはテニスプレーヤーを養成する目的で始められたものが発端となり、その手法が指示待ち人間を抱えるビジネス界へ普及していったと言われています。

カウンセリングとコーチングの違いは、カウンセリングは現実生活への適応をテーマとして傾聴することが主になりますが、コーチングは本人の「こうありたい」という自己実現を伴う目標設定に沿いながら、さまざまな質問を投げかけ、答えを導き出す手助け（支持）をすることが主になります。私はクライエントの状態を見ながら、カウンセリングを補完する形でコーチングの手法を使うことがあります。例えば、お子さんの再登校や、発達障がいをお持ちの方の就労支援をする場合などに用いることが多いです。

ところでこの本の中では、ウサギの特徴を七つ挙げています。①ウサギの耳は長いだけ、②聞きたいことしか聞いていない、③説教なんか聞きたくない、④ニンジンにしか興味がない、⑤何が問題かわからない、⑥自分の理屈でしか動かない、⑦自分の話は聞いてほしいというものです。ちょっとウサギがかわいそうな気がするような書かれ方ですが、なるほどこういう人たちもいらっしゃるなあと当時思ったことを覚えています。

上記のような特徴を持つウサギですが、それぞれの考え方や感じ方は異なります。だから、それぞれのタイプに合うコーチングの方法も違うのですが、どのウサギにも共通するコーチングのスキルは、聞く、質問する、要望する、承認するという四つだそうです。やはりどんなウサギも認めてほしいのですね。

「認める」の語源は、「見・留める」だそうです。どんなウサギも「私をしっかり見てください。そして、あなたのこころに私を留めてください」と願いながら、毎日を過ごしているのかもしれません。あなたのことを心に留めてくれる人と出会えたら、人生が少し変わるかもしれませんね。

二〇二三年はウサギ年ですので、かわいそうな書かれ方をしたウサギの別の側面もご紹介しておきたいと思います。仏教思想の『ジャータカ』ではブッダの前世の一つはウサギでしたし、『今昔物語』では、帝釈天だった老人に何も捧げるものがないと炎の中に身を投じたウサギが、その慈悲に感銘を受けた帝釈天によって、月に上げられたというエピソードを持っています。ウサギも捉え方によっていろいろな見方ができるのだなあと改めて気づかされました。

ストリートピアノ

最近はYouTubeでストリートピアノを連弾する動画をよく見ています。チャンネル登録数最多やピアノコンクール優勝などの才能豊かなピアニストたちが街中にあるピアノを連弾するのです。連弾ですから二人でピアノを演奏するわけですが、互いから溢れ出る音の共鳴にいつも魅了されています。

ピアノという楽器は静かな曲からにぎやかな曲まで、ピアノ一台で自由に奏でられる特徴があります。また、ピアノの音色は、元気になったり、癒されたり、切ない気持ちになったりとさまざまな感情を抱かせてくれます。ピアノの音色の根底には、ゆらぎを多く含んだ豊かな倍音によって引き起こされる癒しとリラックス感という心地よさがありますね。

音楽にはリズム、メロディ、ハーモニーという三要素があります。リズムは人と人との情動的結びつき、メロディは安心と懐かしさ、ハーモニーは心理的・身体的な緊張と弛緩を生み出す効果があると言われています。また、音楽によって、七十パーセント以上の人が喜びといった肯定的な感情を、喚起されたという報告もあります。

この音楽を用いて心身機能の維持・改善と生活の質を促進するものに音楽療法があります。アメリカの音楽療法学会では、音楽療法を「一人ひとりが自己の最大のレベルの機能を獲得し、維持できるよう援助すること」であると定義していますが、音楽療法は私たちの全人格、全存在としての在り方を最大限に引き出すという特徴があるのかもしれません。

音楽はもともと人間の根源にあるものだと思っています。精子と卵子が受精して細胞分裂が始まり、胎内で心臓ができます。そこでリズムが生まれます。胎児は聴覚が発達していると言われていますので、羊水の中で母親の臓器の音を聞いています。また、母親の声は胎盤を通して聞こえてきます。言葉にもリズムがあるし、母親が歌う子守歌には音楽の三要素が溢れています。歩いたり、座ったりという動きにもリズムがあります。むかしむかし草原で動物を仕留めていた頃も、みんなでリズムを合わせて狩りをしていたことでしょう。そう、私たちの生活は音楽の三要素に囲まれています。

ストリートピアノはわざわざコンサートに足を運ばなくても、街中で音楽に遭遇する機会をもたらします。生活の中に音楽があるということは、とても自然な環境なのかもしれません。そこで、才能豊かな人たちの演奏が聴けるなんて、なんて贅沢なことでしょう。ぜひ、生で聴いてみたいと思っています。

そして、その人たちの連弾を聴いていると、二人のもともと持っている音楽の根源のようなもののぶつかり合いを実感することができます。本能というか野生というか、言葉では説明がつかないような人間の本質を垣間見ることができるような気がしています。

マインドフルネス

私は毎朝散歩をしています。これは歩く瞑想に近いものがありますが、そんなに真剣には瞑想をしていません。いろいろなことを考え、感じながらブラブラ歩いているだけです。本来の歩行瞑想法は、周りの景色を見ずに視線を前方に固定して、普段より少し遅い速度で歩きながら、呼吸や足の感覚、体全体の動きや、自分の内部に生じてくる感覚に意識を集中するものです。

この歩く瞑想は、座る瞑想と同じように、マインドフルネスの実践法の一つです。マインドフルネスとは「今、この瞬間」を大切にする生き方のことで、仏教の経典で使われている古代インドの言語「サティ(sati)」という言葉の英語訳としてあてられたものです。「心をとどめておくこと」あるいは「気づき」などと訳されています。

私は以前、禅僧ティクナットハン氏が拠点としているプラム・ヴィレッジが主催するマインドフルネス（今この瞬間に気づき目覚めている）のリトリートに参加したことがありますが、まさにそれが仏教の思想を生かしたマインドフルネスでした。物事を良いとか悪いとかジャッジすることなく、座る瞑想、歩く瞑想、食べる瞑想、歌う瞑想、話す瞑想など、呼吸に集中しながら「今、この瞬間」に気づくリトリートでした。その時に私は「眞美心（true beauty heart）」というダルマ・ネームをもらいました。

このマインドフルネスは、ストレス軽減や集中力の強化などの効果が得られることから、世界中で大きな注目を集めていて、禅僧ティクナットハン氏もアメリカ連邦議会議員やグーグル本社の社員を対象とした瞑想会を行っていました。このマインドフルネスが世界中で受け入れられた背景には、マインドフルネス瞑想のからだや脳への効果や臨床治療としての有効性が、多くの研究によって示されるようになってきたことにあります。例えば、情動を司る扁桃体が改善したとか……。

私も海上保安庁第四管区海上保安本部の職員対象のメンタルヘルス研修会で、このマインドフルネスを紹介したことがありました。船艇の乗組員は船に閉じ込められているのでストレスが多いだろうなあと想像していましたが、海上にいるほうがメンタルの状態がよく、陸上で事務的な仕事をしているほうがメンタルダウンになる可能性が高いとお聞きして驚いたことがありました。自然と共に在ることが、マインドフルネスを保つ秘訣なのかもしれませんね。

そういえば、プラム・ヴィレッジが主催するリトリートで、十名ほどのダルマティーチャー（瞑想指導者）たちが英語で読経する「The Heart Sutra（般若心経）」を聴きました。西洋音楽とベトナム音楽がミックスされたメロディが美しく、Queenを彷彿とさせるちょっとロックな感じでかっこよかったです。楽譜まであって、歌う瞑想を行うプラム・ヴィレッジらしいなあと思いました。

おだやかに

「もうホントに腹が立ちます」とため息をつきながら何度も繰り返すクライエントがいました。その言葉を聞くと、私の母を思い出します。母はよく「そしたら腹を横にしたらい い」と笑いながら言っていました。母自身腹を立てることもありましたから、その時は私が母に「腹を横にしたら?」と返していました。クライエントにそんなことは言えませんが……。

昔は感情の根源がお腹にあると言われていました。腹を据える、腹が煮える、腹の皮がよじれる、腹を抱える、腹を探る、腹を見透かす、腹を読むなどの言葉から、お腹に感情の根源があったことがうかがえます。腹が立つというのは、感情が立つ(激する)ということで、怒りの感情を意味します。

怒りとは、自分自身の気持ちやからだを物理的や社会的に攻撃されたり、侵害されたと感じた時に生じるネガティブな感情です。この怒りの感情は、ある日突然出現するものではなく、日々の小さな感情の積み重ねがもたらす感情です。ですから、怒りは二次感情だと言われています。その原因は一次感情としての不安感やストレス、孤独感、プレッシャーなどの小さな積み重ねが考えられます。小さなストレスが積み重なって肥大化している時、何らかの起爆剤を投入されることによって負の感情が大爆発します。それが怒りなのです。

怒りに振り回されやすい人の特徴として、ゆずれない価値観＝べき思考が強い、そして、つらい、悲しい、不安などの感情がたまっているなどがあります。ですから、怒りの裏側に何があるのか、何に対しての怒りなのか、本来わかってほしい感情が何なのかを探る必要があります。まさに腹を探るのです。

怒りというのは、人間関係を壊していくというリスクがありますから、できるだけ怒りをコントロールすることが大切になります。「アンガー・マネジメント」という言葉がありますが、まさにいかに怒りをマネジメントすることができるかが、人間関係をうまくやっていけるかどうかに影響します。

それでは、いくつか怒りへの対処法をご紹介したいと思います。まずは、怒りの感情が湧き出てきたら十数えましょう。怒りを覚えた時にはアドレナリンが四～七秒出続けると言われていますが、この放出は自分ではコントロールができません。ですから、それが出終わるまで十数えて待ってみましょう。もしくは魔法の呪文をゆっくり唱えてみます。「私は女神さま。だから心が広いのよ。大丈夫、大丈夫」そうしたら七秒は稼げます（笑）。

他には、深呼吸をしたり、思考をストップしたり、その場を離れたり、楽しい場面を想像したり、水を飲んだり、顔を洗ったり、目の前の物に集中したりと、自分に合った方法で怒りを逃していきます。落ち着いたら自分の怒りを点数化して、客観的に眺めてみます。感情を理性で振り返るのです。そして、目の前の問題を解決する時には自分を主張しながら、相手の主張も聞いて、お互いに折り合いをつけていきます。でも、問題が解決しない時にはその問題を脇に置いて先へ進むことも時には必要ですね。今日も穏やかに過ごしましょう。

かりてきたねこ

ハラスメントとは、弱い立場の相手に嫌がらせをする行為という意味です。これは加害者の故意の有無にかかわらず、被害者が不利益を被り苦痛を感じるようなすべての言動に当てはまるために、少しでも強い立場にいる人たちは気をつけなければなりません。

ハラスメントの種類はさまざまです。職場でのパワーハラスメント、性的な嫌がらせであるセクシャルハラスメント、大学等でのアカデミックハラスメント、心理的圧迫を与えるモラルハラスメントなど、行われる場所や内容によってハラスメントは分類されています。

日本では二〇二〇年六月にパワーハラスメントの防止に関する法律（改正労働施策総合推進法）が施行され、中小企業は二〇二二年四月にその対象となりました。つまり、ハラスメントの防止・対策を行うことが中小企業においても義務化されることになったのです。

そこで、私も三重働き方改革推進支援センターの常駐専門家に登録して、メンタルヘルスやハラスメントなどに関する研修会の講師を担当することになりました。
ハラスメントについてのアンテナを高く張っていたところ、『折れやすい部下の叱り方』（渡部卓、日本経済新聞出版社、２０１２）でハラスメント防止の「かりてきたねこ」を見つけました。部下を叱るときに覚えておくとハラスメントが防止できる「かりてきたねこ」をみなさんにご紹介します。

「か」感情的にならない
「り」理由を話す
「て」手短に
「き」キャラクターに触れない（性格や人格）
「た」他人と比較しない
「ね」根にもたない
「こ」個別に叱る

なるほど〜、覚えやすいですね。ハラスメント研修を行う機会があったら、この「かりてきたねこ」をさもありなんというどや顔で紹介してみたいと思います。ちなみに、これを関西風にアレンジしてみました（笑）。こちらは「うさぎとかめ」です。

「う」うらんだらあかんで
「さ」さっさと話すんやで
「ぎ」ぎょうさんおる前で叱ったらあかんで
「と」とりあえず何でも説明するんやで
「か」かっかしたらあかんで
「め」目についたことだけ言うんやで

関西でハラスメント研修を行う時には「うさぎとかめ」を使ってみたいと思います。

自然な時間 I am OK.

私は朝四時頃には目が覚めます。年を重ねるにつれて起きる時間が早くなったというよりは、夜二十一時を過ぎると眠たくなるので早く寝てしまうから、早く起きるという生活サイクルでしょうか。そして、三月頃は五時半すぎになると少し夜が明け始めるので、それから散歩に出かけます。

外に出ると、夜明けの月や星がまだ輝いています。ひんやりした空気を感じながら、月や星を見ながら散歩をします。最近はDaniel Caesarや藤井風さんの曲をスマホで聴いています。毎日同じコースをブラブラ一時間ほど歩きます。何だか代わり映えがしなさそうなイメージがあるかもしれませんが、だんだん明けていく空の色は毎日違うし、雲や月の形も違います。ときどきカラスが「おはよー」と鳴いていてびっくりしたり、いつもは気づかない水の流れや草木の変化などに気づいたりと、決して同じ日はないのだなあと実感します。

私たちは人間が作り出した社会の中で生きています。流れる時間も速くて、ついていくのが精一杯。慌ただしい毎日の中で、急かされながら生活しているので、夜二十一時を過ぎると疲れて眠ってしまうのかもしれません。でも、朝の散歩は自然が作り出すゆったりした時間の中で、自分の呼吸に合わせながら歩くことができるので、本来の自分を取り戻すことができます。

空を見上げてボ～っとしながら一歩一歩足を前に出して歩くのです。自然の一部である人間として、ひんやりした空気に包まれながら。

そんなこんなで、今朝は筒状の手袋（指の部分がない）をしながら散歩をして、コンビニに立ち寄り、消毒液で手をゴシゴシして乳飲料を飲んだ後に、散歩を続けていたら「あっ！　手袋がない！」と気づきました。コンビニに引き返したら忘れた様子がなく、ふと手首を見ると手袋が手首に巻かれていて、自分のボケナスさ具合に照れ笑い……。ボ～っと歩いているから、こうなるのです。

気合いのスイッチをオンにしていると結構しっかりしているつもりではいますが、オフの時の私は基本的にこのようにボ～っとしています。老眼鏡をかけながら、老眼鏡を探したり……。思いつく言葉をそのまま口にしては笑われたり……。

ちなみにボケナスの由来ですが、ナスはあまりに環境のいいところで育てると実をつけなくなってしまうそうです。環境の良すぎるところで育つと何もできないお坊ちゃんになってしまう人が多く、そんな人をたとえてボケナスと呼ぶようになり、それから転用されて広くとぼけた人を指すようになったとか……。

私はナスがあまり好きではありませんが、お嬢様と形容されるならボケナスもまあいっか！と自分のダメさ加減をおおらかに受け容れています。どんな自分でも、I am OK. と愛してあげることが大切なような気がします。

第七章

こころの扉

日曜日の朝

土日になると息子のクラブ活動の一日練習のおかげで、お弁当を作ることが多くなりました。今朝も炊飯器のスイッチを入れて、卵焼きのたまごを混ぜていたら、息子が自分で起きてきて、「出発するのが早くなった」と言い放ちました。出発時間から逆算して作り始めているので、「え〜っ、お弁当間に合うかな〜。何でもっと早く言わないの〜」と久しぶりに怒りました。

炊飯器のスイッチを入れたばかりなので、ご飯がない！　ロールパンとデニッシュパンを焼いて、目玉焼きとスープをちゃちゃっと作って食べさせながら、キャラ弁などとは程遠い全体的に茶色いお弁当を超特急で作りました。

朝食を食べ終えた息子がまだ食卓に座っていたので「何で座っているの？」と聞いたら、「ご飯食べるから」と笑いながら答えるのです。「えっ？　さっきのは朝ご飯じゃないの？」と慌ててご飯をよそい、お弁当の残りのおかずをお皿に盛り……と、すったもんだ。

ちょっとおもしろかったので、このエピソードを紹介してみました。

この本の中で息子のことを同居人のようだと書きましたが、自分の子どもという意識が私にはあまりありません。私のお腹の中にいた子どもであることは確かなのですが、一歳四か月頃から保育園に通い出した子どもを見て、「あ〜、この人は自分の人生を歩み出したのね〜」と実感した時から、「○○さん」とさん付けで呼び、人格を持つ一人の人間としておつきあいをしてきました。そういえば、松井秀喜さんのお父さんも「秀喜さん」とさん付けで呼んでいたと何かの雑誌で読んだことがあります。

子どもは親の所有物ではないし、子どもには子どもの人格があり人生があるというのが基本的な考え方としてあることから、自然と息子のことをさん付けで呼ぶようになったのかもしれません。

私たちは気質というものを持って生まれてきます。性格を梅干しに例えるなら、気質は梅干しの種のようなもの、つまり性格の核のようなものです。精神世界で例えると、心の中心もしくは深い部分に魂が存在するというイメージでしょうか。この気質は親が何をしても変えることができない部分です。生まれた時からすでに向かう先が決まっているのかもしれませんね。同じ親から生まれたきょうだいでも気質はまったく違っていて、これは外側からは支配することができません。

だからこそ、親は子どもをコントロールせず、子どもが向かう先にたどり着けるように少し離れたところから見守り続けることが必要なのだろうと思います。「親」という字は、木の上に立って見ると書きますから。

ただし、子どもは生まれた時から依存と同時に、自立の道を歩み始めています。児童福祉法でいうところの十八歳という年齢までは子どもの依存を受容しつつ、十八歳になったら親子共々自立して自由に羽ばたけるように、お互いが人格を持つ一人の人間として尊重し合いながら、生涯おつきあいをしていけたらと思っています。

豊かな生き方

コロナ禍で感染者数ばかりが報道されるようになったテレビからしばらく遠ざかっていましたが、地球温暖化をテーマにしたＮＨＫスペシャルがあったので、久しぶりにテレビを見ました。このままいくと早ければ二〇三〇年にも、地球の平均気温は臨界点に達するといわれていて、それを超えていくと、温暖化を加速させる現象が連鎖して暴走を始める可能性があるという内容でした。

私たち人類は、コロナ禍のような疫病にたびたび苦しめられてきました。そのたびに世の中は変化していきました。紀元前のローマ帝国では疫病の救済を求める人たちに避難場所を提供し続けたキリスト教がヨーロッパで拡大し、次にイスラム文化圏で発展したアラビア科学が疫病を救済し、宗教から科学を独立させていきました。

そして、この科学技術の発展によって、資本主義社会が生まれ、経済が発展することに重きが置かれていくことになります。経済が発展すれば、人々の暮らしは豊かになり、社会を大きくするために、どんどんどんどん石炭や石油を燃やし、物質的に豊かになる世の中を作り上げてきました。

その一方で、炭素が大量に放出された地球は悲鳴をあげています。全国地球温暖化防止活動推進センターの調査では、この三十年間で百万㎢に相当する面積の北極の海氷が融けたと報告されているようです。

発達心理学では、人間のライフサイクル（生涯発達）を山のような放物線を使って説明することがあります。左端が誕生、上昇的変化をするのが青年期、下降的変化をするのが中年・老年期、右端が死ですね。以前の発達心理学は上昇的変化を発達としていましたが、現在では死までの変化を発達としています。発達が死までを扱うようになり、いかに人生という山を下りていくのかが課題とされている昨今、経済もいかに下りていくのかを考えるときに来ているのかもしれません。

そういえば、このお正月にオスカー・ワイルドの『幸福の王子』を読みました。地位も名誉も兼ね備えていた幸福の王子は、亡くなってから宝石と金箔で飾られた豪華な像となります。王子は、町の貧困を知って悲しみ、ツバメに自分の宝石や金箔を貧しい人たちに渡してほしいと頼みました。ツバメはすべての宝石や金箔を貧しい人たちに届け死んでしまいます。そしてツバメの死を知った王子の鉛の心臓も壊れ、みすぼらしくなった王子の像は捨てられてしまったという物語です。

宝石や金箔を持つ生き方と、慈しみのこころを持つ生き方、どちらが豊かな生き方なのでしょうか。All that glitters is not gold.（光るものすべて金ならず）という英語のことわざがあります。輝くものすべてに価値があるわけではないという意味なのですが、私たちが目指してきた金を生み出すような高度な科学技術（錬金術）を、今まさに地球を守るために使うことが求められているような気がします。そして、経済よりも地球や人類を慈しむこころを持って、この問題に一人ひとりが取り組む必要があるのかもしれないと思っています。

そんなことを考えながら、このコロナ禍を境に、今年からはなるべく物を持たないミニマルな生き方をしていこうと心に決めました。断捨離！　断捨離！　必要のないものは惜しげもなく手放し、少しでもシンプルな心地よい生活を心がけたいと思います、慈しみのこころを持って。そうすれば、少しは地球の役に立てるかなあ。

オリオン座

私は空を見上げることが大好きです。風の強い夜は、空気が澄んでいるせいか、星の輝きが際立って見えます。星の中でも一番好きなのが、冬の星座のオリオン座です。

オリオン座といえば、二つの一等星と五つの二等星を持つ、とても豪華な星座です。狩人オリオンの腰のあたりに並ぶ三つ星をはさんで、肩のあたりに輝く赤っぽい一等星はベテルギウス、足のあたりに輝く青白い一等星はリゲルです。最近では、ベテルギウスが近い将来に超新星爆発を起こすかもしれないということで注目を集めているようです。

オリオン座のベテルギウスとおおいぬ座のシリウス、そしてこいぬ座のプロキオンを結んでできる大三角を「冬の大三角」と呼んで、冬の星座や星を見つける目印にしています。「冬の大三角」はプラネタリウムに行った時に、その解説を聞いたことがあります。また、リゲルを含む冬の一等星六個をつないでできる大きな形は「冬のダイヤモンド」と呼ばれています。星の輝きはまるでダイヤモンドのようですものね。

先日、「仲先生は宇宙人のようですね」と知り合いに言われました。浮世離れしているせいでしょうか。その人が言うには、リサ・ロイヤルさんの本の中に、宇宙人の種類が紹介されていて、ベガ星人、シリウス星人、オリオン星人、プレアデス星人などが有名だということです。ちなみにオリオン出身の魂は、葛藤のドラマに巻き込まれがちだとか。怪しいお話です（笑）。

宇宙の星の数は、恒星だけで、100,000,000,000,000,000,000,000個あると考えられていて（これいくつ？）、二兆個の銀河があるといわれているので、私たち地球人にはわからない宇宙人が存在していても不思議ではないのかも……。

このようなとてつもなく大きな宇宙の中の、小さな地球に暮らす私たちが悩んでいることなんて、実にちっぽけな悩みなのでしょう。宇宙から地球を眺めれば地球は本当に小さい。アポロ13号の船長を務めたジム・ラヴェルさんは「月で親指を立てると、親指の裏に地球が隠れる。われわれはなんと小さな存在だろう。だがなんと幸せだろう」という名言を残しています。

ちっぽけな悩みをいっぱいに抱えて、この宇宙の中で生きるチャンスを与えられている私たちは、実はとっても幸せな地球人なのかもしれません。宇宙の歴史から見れば、人間の一生なんて超短い！　短すぎる！　だからこそ、一度きりの人生を精一杯生きよう！　魂のおもむくままに！　ワクワクできる時間を目一杯楽しんで！と、冬の星座を見上げながらぼんやり考えたある日の夜でした。

こころの扉

先日少年鑑別所に行きました。さまざまな事情から罪を犯した少年をどのように支援するかを検討するためです。いつ、どこで、誰のもとに生まれるのかによって、人の人生は変わるものなのだなあと、加害少年と出会うたびに改めて実感します。

四月十三日に亡くなられた分子生物学者の村上和雄さんと、東京大学大学院教授の矢作直樹さんが書かれた著書の中に、二〇〇三年のダライ・ラマ法王の来日講演会のエピソードが書かれていたことを思い出しました。

ダライ・ラマ法王は、「ブッダは、慈悲の心でテロリストの親玉であるウサマ・ビン・ラディン氏を説得できますか？」という質問に、次のように答えたと言われています。

「それは難しい。しかし、チャンスがあれば私はビン・ラディン氏に会ってみたい。すべての人は、仏の子どもである。彼は、あの時代に生まれてその時期にテロリストになった。仮にアメリカに生まれていたら、テロリストの撲滅のために働いていたかもしれない。いろいろなご縁によっていろいろな思われ方をしているわけで、それでもすべての人は、仏の子どもである」と。

そういえば、同じようなことを故ティクナットハン氏も言われていたなあと思い出しました。ベトナム戦争の最中に命からがら逃れてきた小さな難民ボートの少女が、タイの海賊に強姦され、直後彼女が海に飛び込んで自殺したという手紙を受け取った際に、彼は非常に悲しみました。でも、その海賊も海賊の親のもとに生まれていなければ、そんな罪を犯すことはなかっただろうとおっしゃったのです。

その時に故ティクナットハン氏が書かれた詩の一節をご紹介します。

私を本当の名前で呼んでください
すべての叫びとすべての笑い声が
同時にこの耳にとどくように
喜びと悲しみが
ひとつのすがたでこの瞳に映るように

私を本当の名前で呼んでください
私が目覚め
こころの扉の奥の
慈悲の扉がひらかれるように

被害者の叫びや悲しみを受けとめながら、加害者の心に寄り添うことができるのかどうか……。私自身が目覚め、こころの奥の慈悲の扉を開くことができるのかどうか……。難しい段階に入ってきたなあと思いながらも、罪を犯した少年たちに向き合っていくことができたらなあと願わずにはいられないもう一人の私がいました。

宇宙の不思議

どうして生まれてきたのだろう？　いのちって何？　宇宙の中の自分の存在って？　人の縁って何？　死んだらどこに行くのかしら？　いろいろな疑問が次々と湧いてきます。

窓の外でセミが鳴いていますが、どうしてセミって鳴くの？　四年も地中にいて地上に出たら一週間で死んでしまうのはなぜ？　とかね。

世の中には不思議なことがたくさんあるにもかかわらず、人が死ぬまでに得られる知識ってほんのわずか……。そんなことを考えていると不思議な世界に引っ張られていくのです。こうして年齢を重ねるにつれて、宇宙の不思議に惹かれてしまう自分がいます。

私は3、6、9のつく日にブログを投稿していることが多かったのですが、インドでは3、6、9という数字について学ぶことが多いとか。それは、それぞれの数字がヒンドゥー教の最高神を表す数字だからです。3はブラフマーという創造の神、6はヴィシュヌという維持（永遠）の神、9はシヴァという破壊と再生の神らしいですよ。

また、時の流れは3の倍数で表されます。時計は十二進法ですね。1分は60秒、1時間は60分、1日は24時間です。3の倍数は、3、6、9、12、15、18……ですが、12の1と2を足せば3、15の1と5を足せば6、18の1と8を足せば9と、3、6、9がループします。何だか不思議でしょ。

数字と言えば、不思議な数列があります。それはフィボナッチ数列です。

1、1、2、3、5、8、13、21、34、55……

これはイタリアの数学者フィボナッチが紹介した数列で、直前の2つの数の和が次の数になり、隣り合う数の比は限りなく黄金比（1.618……）に近づいていきます。

これの何が不思議かというと、ひまわりの種が隙間なく密集しているのも、フィボナッチ数列に沿った種の配列で並んでいるところです。この対数らせんと呼ばれている法則が、自然界のあらゆるところで観察されます。植物の葉のつけ方、木の枝分かれ、花びらの枚数、人のDNAの二重らせん構造、台風の渦巻き、銀河系宇宙のらせん……。植物から宇宙まで、自然界の至るところに影響を及ぼす神秘的な数がフィボナッチ数列なのです。

本当に不思議です。誰が決めた法則なのかわかりませんが、おそらくこれは宇宙の法則なのだろうと思います。そういえば、般若心経の「空《くう》」の思想は、この世の一切のものを表すと言われていて、人智が及ばない見えない変化の法則を「空」としています。
　薬師寺の高田好胤管長は講演でこの「空」を次のように説明しています。
「かたよらない心　こだわらない心　とらわれない心　ひろく　ひろく　もっとひろく
これが般若心経　空の心なり」と。ひろく　ひろく　ひろく　ひろくと口ずさみながら宇宙の不思議は「空」なんだろうなあと、ぼんやり空を見上げる私でした。

母の誕生日

九月六日は亡くなった母の誕生日です。生きていれば八十三歳になる日でした。母は看護師でした。田舎の漁師町で育ち、大阪市内の医院で働きながら、看護師の資格を取りました。父と結婚してからは、保険の外交員などをしている時期もありましたが、小さい医院の看護師として働きながら、私たち姉妹を育ててくれました。

両親はずっと共働きだったので、小さい頃から家にいなくて、日中は隣りに住む母の姉（伯母）が私たち姉妹の面倒をみてくれていました。幼稚園児の頃、医院の昼の休憩の時に私を園に迎えに来てくれて、家に送ってからまた医院に戻る母に、「行かんといて～」と泣いてすがった記憶があります。この頃に見捨てられ不安が醸成されたのでしょうか（笑）。

母の性格はとても明るくて、周囲からは脳天気と言われていました。まさにそのとおりで、人と話すことが大好きで、電話をすると一時間も二時間もおしゃべりをしていました。

サービス精神も旺盛で、出かけると誰かのために何かを買って、それを配って歩いていました。私がいつもおやつを買って、誰かとべらべらおしゃべりしているのは、母から譲り受けた性格なのかもしれません。

孫の面倒もよくみてくれました。息子が保育園の年長の時に胃がんで亡くなるまで、本当に大切に孫を育ててくれました。私もずっと働いていましたので、保育園への送り迎えは母がしてくれていたのですが、雷が恐い母は雷の鳴る日は孫を休ませていたりして。おもしろい母でした。

八年ほど前に母は胃がんで亡くなったのですが、胃がんの末期で入院している頃、もうそろそろかなあという段階で、私は大学での勤務の傍ら、病院に泊まり込んで看病をしていました。ある夜、母は痛みに耐えかねて、「りつこ、殺して」と懇願してきたことがあり、「殺すのは無理でございます〜、ハハハっ〜」と笑い飛ばしたことがありました。その夜から数日して母は息を引き取りました。亡くなった母の顔を見ながら「ラクになってよかったな」と声をかけたことを覚えています。

そういえば、私が息子を出産する時、あまりの痛みに耐えかねて「お腹切って〜」と叫んだことがあったので、やはり母によく似ているなあと改めて気づきました（笑）。

私は母が大好きでした。今でも母を思い出すと心が温かくなります。心理学では、重要な他者との愛情の絆を愛着と呼んでいますが、母との関係性においては愛着しかなかったと感じています。とても恵まれた愛情の中で育ててもらえたなあと感謝しています。今日は母のお墓参りに行こうと思います。

ピークを越えた先に

年末に入り、仕事が口から溢れ出そうなほど多くて、処理できるかできないか……というギリギリの状態で何とか心身を保ってきましたが、とうとう昨夜溢れ出してしまいました（笑）。

昨日の夕方の個別カウンセリングのケースが重篤すぎて、それを真正面から受け止めてしまったからか、ベッドに入ってから苦しくて仕方がなくなり、「う～ん、う～ん」と唸りながらのたうち回っていました。大阪での放火殺人で二十四人の方がお亡くなりになられたことも少し影響しているような気もしますが、五十三年間の人生で初めての苦しさだったかもしれません。

そういえば、二〇二〇年のコロナ禍での最初の緊急事態宣言の頃から、しっかり眠れた記憶がありません。眠りについたと思ったら中途覚醒を繰り返し、いつも眠れた感がないまま、二年間を過ごしました。ぼ～っとすることも多く、車の運転をしている時には少し不安を感じることもありました。

あ～、これはとうとう精神科クリニックにかからなければならない状態にまでなってしまったかなあと思った途端に、吐き気を感じたので、トイレに駆け込みリバースしてしまいました（お食事中の方はごめんなさい）。二〇一三年に盲腸を切って以来のリバースです。

心身共に疲れ切り、仕事が口から溢れ出そうになっていたことを考えると、実際のその症状はとても象徴的だったと感じています。二年分のたまりにたまった心身の疲れが一気に口から吐き出されたようでした。

その後は何だか妙にスッキリして、ベッドに入るやいなやすぐにぐっすり寝てしまいました。そして、目覚まし時計に起こされた瞬間に、二年ぶりに中途覚醒せずに済んだんだなあと晴れ晴れした気持ちになりました。あの二年間の眠れなさはいったい何だったんだろうと不思議に思っています。

そういえば今日は双子座満月です。満月は月が最高に満ちる日で、満タン感がすごい日でもあるので、物事がここで大きく満ちて、ピークを越えて、乗り越えていく日でもあります。もしかしたら私もこれまでの苦しさのピークを乗り越えられたのかもしれないなあと感慨深くなりました。

「仲先生は天然ですよね」と言われることも最近増えて、脳天気にしていると思われているかもしれませんが、苦しいときもあるのですよ～(笑)。生きていることは楽しくもあり、苦しくもあります。でも、ピークを越えた先には、その苦しみさえも楽しむことができそうな時期がやってくるような気がしています。今夜の満月が楽しみです。きっと綺麗なお月さまですよ。

子どもの頃のように生きる

小さい頃の私の写真（口絵参照）をSNSのアイコンに設定したら、「お孫さんですか？」とか「隠し子のお子さまですか？」というメッセージが何通か送られてきました（笑）。そう思っていたとしても、勇気がなくて直接聞けない人もいたかもしれませんね。みかんを頬張りながら、何かを企んでいるような狡猾な笑顔が気に入っています。自分で言うのも何ですが、とてもかわいいのですよ。現在の私もこんな顔をして、ニヤ〜っとしていることがあります。基本的に何かを企んでいるのです。

小さい頃の私は何を思って生きていたのだろうと、この写真を見るたびに考えています。両親のもとに生まれ、見るもの聞くもの体験するものすべてが新鮮で、この地球にこの社会にこの家族に適応するために、少しずつ自分の中心とつながりバランスを取りながら、ワクワクドキドキして毎日を生きていたような気がしています。

笑いたいときに笑い、泣きたいときに泣き、怒りたいときに怒り、自分の感情に正直に生きていたからこそ、この狡猾な笑顔で写真におさまっているのでしょう。写真に撮られるのに、緊張してポーズを取るわけでもなく、みかんを食べながら自然体でいるのです。この後の人生が波瀾万丈であることを想像すらしていない笑顔です。

その後の私は、学校に通い、社会のルールを身につけ、額に傷を負い、交通事故に遭い、胃潰瘍、十二指腸潰瘍、心肥大、盲腸、甲状腺機能亢進症・低下症を患い、大学進学して上京し、音楽業界で働き、恋愛し、大学院進学のために帰郷し、大学教授になり、結婚し、出産し、大学を辞め、フリーランスになり、夫婦別姓にして現在に至るわけですが、これまでの人生でいかに自分の感情を常識や社会通念で抑えつけてきたかを、最近実感することが多くあるのです。こうでなければならないという枠組みにぐいぐい自分を押し込めて生きてきたのです。

あ～、自由に生きたい！　心のおもむくままに、子どもの頃のように自分の感情に正直に生きたい！　と、コロナ禍が始まった三年くらい前からどんどん強く感じるようになってきました。ですので、二〇二二年の抱負は〝子どもの頃のように自分に正直に生きる！〟にしました。もうそろそろ自由に生きていいよね～と企んでいる私がいます。

抱負というのは、心の中で温めている計画や決意のことです。抱負は目標とは異なり、強い希望や意思はあっても、決めたことを達成するための実際の行動は必ずしも含んでいません。言い換えれば夢物語に終わる可能性もありますが、その分、心の中で思い描くのは自由です。

今年のみなさんの抱負は決まりましたか？　ちなみに、二〇二三年の抱負は〝こころもからだも部屋も美しく！〟にしました。ご参考までに（笑）。

おわりに

カナムーンとしてブログを書き始めてから三年が経とうとしています。コロナ禍で閉塞する社会の一滴の清涼剤となればという願いをこめてしたためてきたブログの本数も三百本を超えました。これまで私の内側にあった日々の気づきを表現してきましたが、いったん私の外側に出たブログは私のものである一方で、私のものでなく、この世に送り出したブログは社会のみなさんのものであるという感覚があります。

そのような感覚で、今回原稿の選定や修正を行うために、すべてのブログを読み返してみると、われながらおもしろいブログだなあと感慨深く感じることができました。日頃、カウンセリングや研修、講義などで話している内容ばかりですが、この本を読むことでみなさんの心が少しでもラクになれば嬉しいと思っています。

全体を振り返ってみると「だいたいでよろしい」「ありのままでよろしい」と適当に力

を抜いて自分のペースで生きればいいのですよというメッセージが最初から最後まで一貫していたのではないかと思います。私がだいたい（good enough）で生きていて、そんなに細かいところまで気にしない性格なので、それがこの本の空気感を醸し出しているのかもしれませんね。

そんなだいたいで生きている私が、この本をまとめようと一念発起したのは、ある人の後押しがあったからです。私が以前勤めていた学校法人享栄学園の元理事長である垣尾和彦さんが「ブログを書籍にしませんか？　原稿と写真の整理をお手伝いしますから」と提案してくれたのです。私は整理整頓が苦手なので、願ったり叶ったりのお申し出でした。このような機会を作ってくれた垣尾和彦さんに心から感謝いたします。

また、カナムーンのブログは写真とセットになっているのですが、三百本ものブログに写真をつけることは一人では困難なことでした。ブログで使える写真をせっせせっせと撮影して送ってくれた愉快な仲間たちがいなければ、ブログを投稿し続けることもできなかったと思います。この本の冒頭の口絵には三十九点の写真を掲載していますが、そのほとんどが愉快な仲間たちからの写真でした。みんな、ありがとう。

そして、この本の編集提案書を作成してくれて、最初から最後まで丁寧に寄り添ってくれた編集者の並木楓さんのお力添えに感謝いたします。

最後に、この本を手に取ってくれたみなさんがいてくださったおかげで、この本にいのちを吹き込むことができました。この本がみなさんのこころの隣る人になることができたら、本当に幸せなことだなあと思います。みなさん、ありがとうございました。

みなさんの幸せを心からお祈りしていますね。

仲　律子（なか・りつこ）

1968年生まれ。芸術関係の会社で勤務した後、30歳から大学院で教育心理学を学ぶ。講師として鈴鹿国際大学で勤務し、17年間教育に携わり教授として教鞭をとりながら様々な臨床経験を重ねる。精神科クリニック勤務、福祉領域、メンタルヘルス事業、犯罪被害者等支援、支援者養成など多岐にわたる臨床経験を経て、現在はフリーランスとして活動を行う。年間30本以上の講演依頼にも積極的に応え、臨床経験に基づく内容で講師を務める。その傍らで行政、警察、民間団体などからの依頼や、カナムーンの屋号でカウンセリング活動も行っている。臨床心理士、公認心理師。

ブログをご覧になりたい方は「カナムーン」で検索してください。

隣《とな》る人《ひと》
心《こころ》が弱《よわ》ったときに開《ひら》いてほしい本《ほん》

2023年3月20日　第1刷発行

著　者　　仲　律子
発行人　　久保田貴幸

発行元　　株式会社 幻冬舎メディアコンサルティング
〒151-0051　東京都渋谷区千駄ヶ谷4-9-7
電話　03-5411-6440（編集）

発売元　　株式会社 幻冬舎
〒151-0051　東京都渋谷区千駄ヶ谷4-9-7
電話　03-5411-6222（営業）

印刷・製本　中央精版印刷株式会社
装　丁　　喜納そら

検印廃止

Printed in Japan
ISBN 978-4-344-94373-5 C0095
幻冬舎メディアコンサルティングＨＰ
https://www.gentosha-mc.com/